Rudolf Otto Wiemer

Er schrieb auf die Erde

Rudolf Otto Wiemer

Er schrieb auf die Erde

Begegnungen mit dem Mann aus Nazareth

Herder Freiburg · Basel · Wien

Satz: VID Verlags- und Industriedrucke GmbH & Co. KG
Villingen-Schwenningen
Druck und Einband: Freiburger Graphische Betriebe 1979
ISBN 3-451-18471-0

Inhalt

Wenn das man gut geht

Gott behüte, die Nacht ist bald um, und vielleicht hätte ich doch noch Platz für die beiden gehabt, aber ich dachte: wo soll dann der Großvater hin, der Obadja, der liegt in der Ecke und spuckt, und er hat auch keine sauberen Füße. Das ist nichts für schwangere Mädchen, auch wenn ich mit ihr verwandt bin, wie sie behauptet, aus Davids Haus und Geschlecht. Gewiß, der Alte, wenn er getrunken hat, sagt: „Erinnere dich, Josepha, was unserem Stamm geweissagt wurde vorzeiten.“ Schon möglich, doch wer weiß das genau und wer bildet sich darauf was ein? Heruntergekommen sind wir, die Hütte ist nichts mehr wert, der Acker verlottert. Und diese – wie heißt sie doch, vergeßlich wird man, weiß Gott, die Ohren wie zugestopft, die Augen wie blind – wer kennt sie?

Die Umstände freilich, die gesegneten, wie man so sagt, die sieht man sofort. Bin nicht umsonst Hebamme gewesen, an dreißig Jahre, jawohl, todelend war sie, das Mädchen, konnte sich kaum auf den Beinen halten, diese Maria – jetzt fällt der Name mir ein, Maria aus Nazareth, Gott behüte.

Und was der Alte neben ihr ist, ihr Verlobter, sagt sie, man muß sich fragen: wie kommt sie zu so einem

Graubart? Man braucht sich doch nicht zu verkaufen aus Davids Geschlecht. Man sieht sich doch vor, man hat einen Mund, der Nein sagen könnte, egal, wer da kommt, und wär es ein Herr, meinetwegen der liebe Gott selber – worauf, so dachte ich, hast du, Mädchen, dich eingelassen? Hast du gewußt, was du tust? Denn ausbaden zuletzt mußt du es, Maria, das weißt du. Da hilft kein Augenaufschlag und kein Seufzen, der Fußmarsch nach Bethlehem muß erst mal sein, weil der Kaiser in Rom es befiehlt, ganz einfach. Was fragt der Kaiser nach schwangeren Weibern, der hat, mit Verlaub, nur die Steuern im Kopf.

Obadja, sobald er den Namen „Augustus" hört oder „Kyrenius", was unser Statthalter ist, spuckt jedesmal aus und knurrt: „Da siehst du, Josepha, wie die Sanftmut regiert, wie der Friede gemacht wird, wie die Wölfe brüderlich bei den Schafen liegen." „Obadja", sage ich, „sind wir denn besser? Warum", so sag ich, „haben wir sie nicht aufgenommen? Hat doch dreimal geklopft, das Mädchen, hat gezittert vor Kälte, hat gesagt: ‚Wenn es Euch angenehm ist, Großmutter Josepha' – na, und war es uns angenehm, Alter?"

Freilich, es geht seit Wochen schon so mit dem Fragen und Klopfen, überall fremdes Gesindel, das liegt herum und nistet sich ein, wird noch kahlfressen den Ort wie die Heuschrecken Pharaos Kornfeld. Gottchen, verzeih mir, denn jeder ist sich selber der Nächste. Gelebt hab ich lange genug, das zu erfahren, und wie der Mensch gemacht ist seit Adams Fall.

Immerhin, kaum waren sie wieder ins Wetter hinaus, da tat es mir leid, bin vielleicht auch nur neugierig gewesen. Umsonst hört man das Gerede ja nicht von

Davids Geschlecht und daß ein Retter, ein König soll kommen aus dieser Ecke der Welt.

O ja, gebrauchen könnten wir ihn, den Retter, könnten brauchen ihn jeden Tag neu. Obadja, der alte Kerl, ist schon ziemlich klatrig geworden, flucht auch mitunter und sagt: „Gerechtigkeit gibt's nicht, hörst du, Josepha? Wie hätten wir sonst bei schwieligen Händen nichts als den halben Acker, dagegen Jephta, der Großherr, der abends sich Harfe vorklimpern läßt, der nichts fragt nach dem Gesetz und dessen Hände trotzdem gesalbt sind, hat an Kebsweibern fünf und zweihundert Acker Land obendrein – ist das gerecht? Ist das in Ordnung?"

Ich denke: Nee, Gott behüte, gerecht ist das nicht. Auch nicht, daß unser Amos, der Erstgeborene, als das Wetter von Tiberias aufzog, beim Fischen ertrank. Nicht, daß Jehuda, der zweite, erstochen wurde im fernen Damaskus. Daß Hannah, die Tochter, im Kindbett starb. Und David, der letzte, der kleine, rotblonde David, auf der Straße beim Spielen – Gottchen, verzeih mir, daß ich dich jetzt, nach dreißig Jahren, noch danach frage – mußte das sein, Gott, mußten die heidnischen Gäule, die man zur Tränke geführt, scheu werden vor nichts, vor einer Zikade vielleicht, die ihnen ins Auge flog, damit du – oder wer war es -- den kleinen unschuldigen David, der dort mit Steinchen spielte, konntest zertrampeln lassen, das letzte der Kinder, und unsereins lebt noch?

Ist denn die Unschuld, Gott, zum Leiden bestimmt, zum Lückenbüßer? Und was, so frag ich, wenn du mit Davids Stamm so unachtsam umgehst, soll wohl werden aus dem, der nicht mal in einem menschlichen

Haus, nicht mal auf dem Pfühl, nein, der im Viehstall bei Ratten und Mäusen, verzeih mir, zur Welt kam, ohne richtigen Vater?

Ja doch, ich habe es liegen gesehn, das Kind, auf dem Holz, wo sonst, auf nacktem Holz in der Futterkrippe. Zu meiner Schande sah ich's, neugierig bin ich gewesen, nahm vom Haken das Tuch, lief umher in den Gasthöfen, fragte, wo denn die Schwangere untergekommen, die Jungfer Maria, die behauptet, mit unsereinem verwandt zu sein.

Was ist das, Verwandtschaft? Wie kommt sie zustande? Wie kann man sie prüfen, wenn man das Blut in den Adern nicht kennt, nicht weiß, wie dunkel sich's fortzeugt? Ist nicht Tamar, die Urmutter, wie in der Schrift steht, Schwiegertochter des reißenden Löwen Juda gewesen und Frau ihm zugleich? Und Rahab, die Josuas Kundschafter rettete, war sie nicht eine Hure? Was für Geschichten in Davids Stamm!

Bewahre mich, Gott, der Gerechte, hochmütig zu werden, daß ich andre, die ihres Kindes Vater nicht kennen, verachte. Hab ich doch selber die Jüngste, die Judith, ohne meinen Ernährer heimlich empfangen, und heimlich ging sie davon, mit sechzehn, ungelogen, war weg eines Morgens, nach Sidon, nach Tyrus, wer weiß es. Verschollen, sagt man, und wer, sooft man nachts den Zufällen nachsinnt, will sie leugnen, irgendeine Verwandtschaft, wenn es ans Tor klopft und ein Mund aus Nazareth sagt: „Großmutter Josepha?"

Kurz, ich hatte ein schlechtes Gewissen, stellte rasch dem Obadja das Brot auf den Tisch, der Wind ging von Norden, man kam schlecht vorwärts und fast, nachdem ich lange vergeblich geforscht, hätte ich ihn nicht gesehen, den Stern, der, wie es hieß, seit der neunten Stunde über dem Ort stand.

Alles, was recht ist, ein großmächtiger Stern, ich fürchte, viel Gutes hat sowas nicht zu bedeuten. Ich treffe also Amasa, die Stallmagd, sie zeigt nach dem Stern, dann nach dem Schuppen, ich seh einen Lichtschein schräg in der Tür – da höre ich Stimmen rückwärts, stelle mich unter das Vordach, nein, nicht ängstlich, wer wird einer alten Frau schon was antun.

Ist auch keiner, der mich bemerkt, ein Trupp dunkler Männer in Winterpelzen, die Kappen tief im Gesicht. Na, denk ich, was haben die hier im Stall zu suchen, vielleicht ein Schaf, ein verirrtes, und drücke mich hinter ihnen hinein.

Oh, es war nicht bloß Neugier, man hat die Sprüche ja noch im Ohr, von der Wurzel aus Jesse, der Tochter Zion, die jauchzen wird, wenn der König kommt, ein Gerechter und Helfer. Irgendein Glanz, so denk ich, müßte zu merken sein, denn was hofft man nicht alles, wenn man den Weltenlauf kennt, den Krieg, den Aussatz, die Armut, den Geiz, die Mißgunst im Herzen.

Hinter dem Pfosten versteckt, man reibt die Augen, was sieht man? Ein paar Verrückte, was sonst. Vielleicht auch Betrunkene. Sie blicken blöde sich um, ziehn die Kappen vom Schädel, stoßen mit Fäusten sich an und zeigen stumm auf das Kind. Dann, ungelogen, knien sie nieder, als hätten sie Jephta, den Großherrn, vor sich. Und einer, mit grauen Stoppeln am Kinn, erzählt von dem Engel, der schrie wie eine

Posaune. Friede! hat er geschrien, und: Freude von Gott! und: Gerechtigkeit allen Menschen!

Nehmt bitte daran keinen Anstoß – ich weiß, was ich hörte, ich weiß, was ich sah. Der Graubart schnitzte an seinem Stock, als müßt er bald weiter. Maria lächelte, und dem Kind, dem brauchte ich, Gott behüte, nicht mehr zu helfen, es war nun schon in der Welt, klein und runzlig, so lag's in der Krippe, wie alle Kinder, die plötzlich da sind und satt, nachdem sie bei der Mutter getrunken. Der Esel, der kaute am Erbsstroh, der Ochse glupschte, das Maul weit offen, ein Faden Speichel zog sich auf die Tenne herab, im Winkel fiepten die Mäuse.

Offengestanden, nicht einen Heller hätt ich gesetzt für die goldene Zukunft aus Davids Haus, auch wenn der Engel, was ich bezweifle, wirklich geschrien hat, auch wenn die Stallmagd, mit der ich noch Kaffee trank in der Kammer, erzählte von Magiern in buntbesticktem Gewand, mit Turbanen weiß, mit Gerät und reichen Geschenken. „Amasa", sag ich, „schweig, du wirst kindisch."

Oder, so denk ich nun auf dem Heimweg, am Tor der Verheißung vorüber, bei Daniels Kaufhaus, da dreh ich mich um und denke: sollte doch etwas dran sein?

Der Stern steht, groß und funkelnd, immer noch über dem Stall. Die Nacht ist bald um, und ich denke: so dunkel und hell zugleich ist Bethlehem, Davids Stadt, nie gewesen.

Und ich sehe das Kind, das Kind im Stall, das Kind, bei dessen Geburt ein Engel laut schreien muß, das Kind, das auf Holz liegt, das Kind, das die Hirten vom

Feld holt und die Magier lockt von den Rändern der Welt, das Kind vielleicht aus meiner Verwandtschaft.

Dergleichen seh ich nicht gern, man hat so seine Erfahrung. Man müßte ein Auge drauf haben, denk ich, schon an der Haustür und leise die Stiege hinauf, daß der Altc nicht aufwacht. Denke, ausgestreckt auf dem Lager, schon halb im Schlaf, denke: wenn das, wenn das man gut geht.

Der Stein des Eseltreibers

Hätte ich nur meinen Stein noch. Am liebsten würde ich alles kaputtschlagen. Dieses Gasthaus, das für unsereinen keinen Platz hat. Den Schuppen, wo ich übernachtete und fror. Den Stall, ja, den Stall auch. Weil dort der Esel steht. Mein Esel. Dieser verdammt kluge Esel, der glaubt, er könnte mich belehren. Dabei ist er nichts anderes als ein unwissendes Vieh, eine erbärmliche Kreatur, die sich nicht mal wehrte, wenn ich sie schlug oder ihr einen Tritt versetzte.

Es ist wahr, mitunter tat der abgelebte Bursche, dessen Fell voller Schorf und Narben ist, mir leid. Konnte ich dafür, daß der Aufseher mich antrieb? Daß er die Peitsche über mir schwang wie ich den Stecken über dem Esel? Na, und weshalb tat er das, der Aufseher? War er ein Unmensch? Zuzeiten konnte er recht gemütlich sein, doch er hatte den Oberaufseher über sich und dieser wiederum den Oberoberaufseher, und der den Allerobersten. Was bedeutet da schon, frage ich, ein Eseltreiber, wo es so viele Aufseher gibt?

Dabei habe ich von Herrn Abamoth noch gar nicht gesprochen, von ihm, dem alle Aufseher und Oberaufseher blind gehorchen. Herr Abamoth, ist er nicht fast so mächtig wie der liebe Gott? So streng, so allwissend, so weit entfernt? O, wie ich ihn hasse! Hätte ich nur meinen Stein noch, den flachen, dreikantigen Stein, den ich aufhob, als Herr Abamoth mich vom Hof jagte.

Jawohl, das hat er getan. Ohne Grund sozusagen, denn ich trank nicht, ich stahl nicht, ich hatte kein vorlautes Maul, nein, ein Eseltreiber bin ich gewesen wie jeder andere, und einen demütigen Augenaufschlag, wenn es nötig war, hatte ich auch. Nur dieser Esel – sagte ich nicht, daß er ein anmaßender, übermäßig lauter Esel ist? Er schrie. Er schrie, ob ich ihn schlug oder nicht. Ich denke, es machte ihm einfach Spaß, zu schreien. Vielleicht kam er sich gar vor wie einer, der etwas Wichtiges zu verkünden hat – kurz und gut, dem Herrn Abamoth war das laute Wesen nicht angenehm. Er sagte: „Dieser Esel schreit mehr, als einem Esel erlaubt ist. Das stört mich."

Was wollte ein jämmerlicher Mensch wie ich da erwidern? „Herr", sagte ich, „ein guter Esel, der viel schreit. Womöglich ist es Gottes Stimme, und Ihr solltet nicht taub sein, wie Bileam."

Das war, mit Verlaub, etwas großspurig geredet, doch mußte Herr Abamoth deshalb gleich in Zorn geraten? Die Ader schwoll ihm auf der Stirn. „Fort mit dem Esel!" schrie er. „Und der Treiber Joel, der die Hoffart des vorwitzigen Esels entschuldigt, mag gleichfalls zum Schinder gehen!" Dieser Joel war ich, versteht ihr?

Joel nahm also den Esel beim Halfter, und beide gingen von Herrn Abamoths Hof. Vorher aber hob Joel den Stein auf und steckte ihn in die Tasche. Man kann ihn auch in die Faust nehmen, den Stein. Man kann ihn durch die Luft schleudern, aus fünf Schritt Entfernung. Und er ist härter als Herrn Abamoths glatter, haarloser Schädel. Das wußte Joel. Jedenfalls bis gestern. Gestern besaß Joel den Stein noch. Er hütete ihn wie seinen Augapfel, denn Rache ist süß, sagt man. Joel wollte sie kosten. Er wollte diesem Herrn Abamoth zeigen, wo der Schinder wohnt. Und ein Recht dazu hatte er doch?

O, dieser Joel, wäre er bloß nicht in den Stall gegangen! Daran ist niemand sonst als der Esel schuld. Wieso, fragt ihr? Nun, ich hatte das Tier dort angepflockt, damit es ein Dach überm Kopf hätte. Ich selber schlief nebenan im Schuppen. Aber der Esel hörte nicht auf zu schreien. Genügte das Erbsstroh ihm nicht? Oder was hatte er sonst für eine unausstehliche Neuigkeit?

Jedenfalls, Joel ging in den Stall. Und der Esel sagte: „Kommst du endlich, du Muffel?" Muffel nannte er mich. Das tat er stets, wenn er böse auf mich war. Das heißt, reden kann der Esel natürlich nicht, doch ich verstehe ihn. Wir leben ja länger als zehn Jahre zusammen.

„Siehst du nicht, was hier los ist?" fragte der Esel.

Ich sah zwei arme, landfahrende Leute, die im Stall untergekommen waren, ein Weib und einen Mann. Kann nicht weit her sein mit denen, dachte ich, sonst hätten sie das Kind woanders zur Welt gebracht.

Es ist wahr, das Neugeborene sah ich auch. Es weinte, und ich wußte nicht, was tun, denn ich bin noch nie ein Kindernarr gewesen.

„Na, mach schon", sagte der Esel. Er wollte partout, daß ich die Krippe in Ordnung brächte. Sie wackelte, die Krippe. Das eine Bein war zu kurz, deshalb konnte das Kind nicht schlafen.

„Leg was unter", sagte der Esel. Oder hatte ich das selber gedacht?

Ich blickte mich im Stalle um. Es war ziemlich dunkel. Der Mann, der sich Joseph nannte, mochte nicht mehr Öl genug in der Laterne haben.

„Greif doch in die Tasche, du Muffel", sagte der Esel.

Ich griff in die Tasche, das hätte ich sowieso getan. Wenn man etwas braucht, sucht man zuerst bei sich selber, nicht wahr? Doch in der Tasche war nichts. Nur der Stein. Und der Esel nickte befriedigt, als ich den Stein unter das kurze Krippenbein legte. Er paßte genau.

Offengestanden, ich hatte einen unmäßigen Zorn. Nicht, daß ich den fremden Leuten gram gewesen wäre, nein, sie waren womöglich ebenso schlimm dran wie ich, allein auf der Landstraße, ohne Dach. Auch, daß das Kind in der Krippe nun schlafen konnte – alles in Ordnung. Aber was sollte ich ohne den Stein? Gewiß, Steine gibt es genug im Feld, doch dieser eine, den ich in Herrn Abamoths Hof aufhob, lag er mir nicht scharf und griffig in der Hand? Ein Stein, wie für mich gemacht. Was also hatte der Esel gemeint?

Er schwieg. Wollte er, daß ich den Zorn vergesse? Kann ich das? Und, wenn ich Herrn Abamoth den Schädel nicht einschlage, wer soll dann für Gerechtigkeit sorgen in der Welt?

Die Peitsche

Wer hätte gedacht, daß es am Jordan ein solches Gedränge gab? Die Ufer des Flusses waren zertrampelt. Kaum reichte der Schuppen, der früher ein Schafstall war, für alle, die ein paar Tage ausharren mußten und die in kalten oder regnerischen Nächten dort unterkrochen.

Die Wahrheit zu sagen, ich wollte schon abhauen, denn sobald der Heuschreckenfresser morgens zum Tor hereinbrüllte: „Auf, ihr Faulenzer, der Jordan wartet!", ging das Gehetze los. Jeder wollte zuerst am Wasser sein. Hol's der Teufel, es war anscheinend Mode geworden, sich bußfertig zu zeigen.

Was mich betrifft, ich kam nicht so rasch hoch vom Lager und mußte stets hinten anstehen. Man ist ja kein Junger mehr, die Knochen sind steif, die Hände zittern. Wäre der Kumpel nicht gewesen, der mir half, ich hätte es nie geschafft.

Na, und das kam so. Bevor ich mich zur Ruhe niederließ, pflegte ich draußen mein Wasser abzuschlagen. Und damit keiner mir den Schlafplatz streitig machte, legte ich zur Warnung die Peitsche dorthin. Jeder konnte also sehen: hier hat Jojakim, der Soldat, seine Koje, niemand sonst. Doch als Jojakim diesmal zurückkam, war verdammt die Peitsche weg, und ein dickärschiger Kaufmann aus Damaskus – ich kannte den Fettwanst – hatte sich auf Jojakims Platz breitgemacht.

Schon wollte ich mit den Fäusten auf ihn los, da hörte ich meinen Namen rufen. „Jojakim", rief es, „hierher! Hier ist deine Peitsche!"

Ich blickte mich um, und weil in der Mitte des Schuppens ein Feuer brannte, erkannte ich den Kumpel wieder. Er hatte mich am gleichen Tag angesprochen und gefragt, weshalb ich so ein barbarisches Ding wie diese neungeschwänzte Katze bei mir trüge – danach verlor ich ihn aus den Augen. Groß war er, breitschultrig, ein Handwerker, wie es mir vorkam.

Jetzt humpelte ich zu ihm, mürrisch, ohne ihm für seine Aufmerksamkeit zu danken. Er lachte und zeigte auf die Peitsche neben sich – Gott verzeih mir, er hatte einen Platz für mich freigehalten.

Ich knurrte, ich streckte mich auf dem Binsenlager aus. Der Mond schien rot durch das offene Gebälk. Das machte mir düstere Gedanken.

„Was ist?" fragte der Mensch neben mir. „Kannst du nicht schlafen?"

Ich dachte: was weiß der schon von unsereinem. Soll lieber die Schnauze halten und einen alten Invaliden in Ruhe lassen. Er ahnt ja nicht mal, weshalb ich in dieser dreckigen Baracke liege und daß alles sozusagen schon abgekartet ist, ich meine, was den Jordan und die Peitsche betrifft. Doch vielleicht, so grübelte ich, wäre gerade er, dieser langhaarige Mensch neben mir, morgen früh zu dem verwünschten aber notwendigen

Bußgeschäft, das ich mir auferlegt hatte, zu bewegen. Denn es war wieder mal soweit.

Ich schielte zur Seite, in Angst, der Fremde könnte inzwischen eingenickt sein, doch ich blickte in seine weitoffenen Augen. „Kommst du auch zur Taufe?" fragte ich. „Wie lange, meinst du, müssen wir noch warten?"

„Morgen", antwortete der Fremde, „ist der Tag, an dem es geschehen wird."

Woher wußte er das so genau? „Wirst du mich mitnehmen?" forschte ich.

„Wenn du willst", sagte er, „halte dich an meiner Seite."

Na gut, darüber ließe sich reden. „Aber vorher", sagte ich, „solltest du mir einen Dienst erweisen."

„Was für einen Dienst?"

„Hol's der Teufel, das ist eine lange Geschichte. Womöglich willst du lieber schlafen."

„Ich habe Zeit", sagte der Fremde. Er blickte mich in der qualmigen Finsternis durchdringend an. Die Wahrheit zu sagen, es ging mir kalt und heiß zugleich über den Rücken.

„Sprich", sagte der Fremde, von dem ich nichts weiter wußte, als daß er aus Nazareth kam, einem fast unbekannten Nest im Norden des Landes. Na, und dann erzählte ich ihm die näheren Umstände.

„Das geht schon dreißig Jahre lang so", begann ich, „jawohl, genau dreißig Jahre. Ich habe den Kalender im Kopf."

„Was geht so?" fragte der Fremde.

„Daß ich nicht richtig pennen kann. Ich wälze mich auf dem Stroh, verstehst du? Hundemüde bin ich, doch ich kann nicht einschlafen. Mitunter dauert das stundenlang. Ich liege und starre in den Mond. Der ist damals genau so rot gewesen."

„Wann?"

„Vor dreißig Jahren, das sagte ich schon. Warum lachst du?"

„Weil ich", sagte der Fremde, „ebenfalls dreißig Jahre alt bin."

„Dann", sagte ich, „wirst du es bestimmt nicht miterlebt haben. Offen gestanden, es war grausam."

„Was war grausam?"

„Das, was wir taten."

„Kannst du es nicht vergessen?"

„Nein. Ich sehe es doch jede Nacht vor mir. Die zu Tode erschrockenen Gesichter. Die Zähne, die Lippen, die Augäpfel. Ich höre das verzweifelte Geschrei. Ich höre es, auch wenn ich mir die Ohren zuhalte – ja, es wird dann noch schlimmer. Es schüttelt mich auf dem Stroh, als hätte ich das edomitische Fieber – begreifst du das, Kumpel?"

Der Fremde blickte mich ungerührt an. „Wer schreit?" fragte er.

„Die Mütter, wer sonst? Die dreißig oder fünfzig Mütter der Neugeborenen. Dazu die Weiber, deren Kinder ein oder zwei Jahre alt waren. Hast du nie gehört, daß wir Befehl hatten, diese Kinder zu töten?"

„Wer gab den Befehl?"

„Herodes – Gott sei ihm gnädig. Oder sage ich besser: der Teufel möge ihn holen?"

„Weshalb gab Herodes den Befehl?"

„Weiß ich's? Irgend so ein verdammtes Geschäft, von dem unsereins keine Ahnung hat. Womöglich eine

Laune, wie? Oder hatte er etwas Bestimmtes im Sinn? War er mißtrauisch? Fürchtete er sich? Vor wem? Oder wollte er nur unseren Gehorsam auf die Probe stellen?"

„Ihr habt gehorcht?"

„Befehl ist Befehl. Da gibt's nichts dran zu wackeln, Kumpel. Doch du bist, nehme ich an, nie Soldat gewesen."

„Nein", sagte der Fremde, „ich bin von Beruf Zimmermann. Ich baue lieber Häuser, als daß ich sie einreiße."

„Pah" fuhr ich ihn an, „wer redet von Häusern! Mir wäre es nicht darauf angekommen, ganz Bethlehem in Trümmer zu legen. Aber einem Kind, einem winzigen Kind, das dich anschaut, das dir die Händchen entgegenstreckt, die Händchen mit leibhaftigen Fingerchen dran, hörst du, einem solchen Kind das Messer durch den Balg zu stoßen – kannst du dir das vorstellen?"

Der Fremde schwieg. Wieder fühlte ich seine Augen auf mich gerichtet. Es war, als wollten sie mich ebenfalls durchbohren. „Und warum", fragte der Fremde nach einer Weile, „hast du nicht Nein gesagt?"

„Kann man das?"

„Ja, das kann man."

„Hättest du das getan?"

Der Fremde schaute mich schweigend an. Dann sagte er: „Wehe dem Menschen, durch welchen das Böse geschieht."

„Meinst du Herodes?"

„Den auch. Weshalb hast du ihn nicht verklagt?"

„Du wirst lachen, das habe ich getan."

Der Fremde starrte mich überrascht an. Tatsächlich, das hatte er nicht erwartet, auch wenn er keiner von denen war, die unsereinen verachten. Fast kam es mir vor, als lachte er wirklich. „Du hast Herodes, den König, zur Rechenschaft gezogen?"

„Das habe ich. Allerdings erst, nachdem ich nicht mehr in den Spiegel schauen konnte."

„Was meinst du damit?"

„Verdammt, ich konnte mein Gesicht nicht mehr ertragen. Dieses blutbespritzte, kalkweiße, widerliche Gesicht. Ich drohte ihm mit der Faust. Ich nahm mir vor, dieses verfluchte Jojakim-Gesicht auszulöschen."

„Wolltest du dich umbringen?"

„Klar, das wollte ich. Vorher aber wollte ich dem König Herodes die Wahrheit sagen."

„Du gingst zu ihm? Wurdest du vorgelassen?"

„Moment", sagte ich und ächzte, weil mir der Rücken wehtat. „Die Torwächter meinst du? Die machten sich über mich lustig. ‚Was will der räudige Kläffer? Kommt, wir ziehen ihm das Fell ab!' Niemals wäre ich zu Herodes vorgedrungen, wenn er mir nicht zufällig in den Weg getreten wäre."

„Es gibt keinen Zufall", sagte der Fremde.

„Scheiß drauf", erwiderte ich.

Der Fremde lächelte. „Von morgen ab wirst du nicht mehr fluchen", sagte er leise, „morgen ist der Tag unserer Taufe." Und im gleichen fröhlichen Ton fuhr er fort: „Was antwortete Herodes?"

„Was wohl? Auspeitschen ließ er mich. Und vor das Schloßtor werfen, wie einen Kadaver. Er labte sich an dem Schauspiel und zählte die Striemen auf meiner Haut. Zuletzt schleuderte er die Peitsche mir nach und rief: ‚Züchtige dich selbst, wenn du willst! Damit du deine blöden Gesichter los wirst!' Also, das habe ich dann auch getan. Es war der einzige Befehl des Herodes, den ich fortan befolgte. Mit der Peitsche zog ich durchs Land. Du sollst nie einem Befehl blind gehorchen, das war meine Parole. Ich sagte sie allen, besonders denen, die sie nicht hören wollten. Und an jedem Jahrestag – ich meine, sooft der Kindermord sich jährte – stellte ich mich auf die Gasse und peitschte mich öffentlich. Dem Volk zur Warnung und mir zur Buße."

In diesem Augenblick flackerte die Flamme, von einem Windstoß bewegt, hoch. Roter Schein zuckte über des Fremden Gesicht, das mir jetzt größer und strenger vorkam. Die dunklen Haare lagen um seine Stirn, als trüge er eine Krone.

„Bist du etwa ein Schriftgelehrter?" knurrte ich.

„Weshalb fragst du?"

„Weil ich es lieber hätte, wenn du ein Zimmermann wärest, wie du gesagt hast. Denn einen Schriftgelehrten könnte ich nicht bitten, mir den Dienst zu erweisen, der morgen fällig ist."

„Was für einen Dienst?"

Nun ja, ich erzählte ihm, daß es mir in den letzten Jahren nicht mehr möglich war, mich selber zu züchtigen. Der Arm erlahmte, die Hände zitterten, die Kräfte nahmen ab. Kaum konnte ich die Faust noch um den Griff der neunschwänzigen Katze zwingen. Was sollte ich machen? Fremde Leute mußte ich bitten, mir diesen Dienst zu tun.

„Taten sie es?"

„Nicht gern, wie du begreifen wirst. Sie weigerten sich meist. Doch wenn sie meine Augen sahen und die Gier darin, die Strafe zu empfangen, bekamen sie Mitleid. Denn die Wahrheit zu sagen, Kumpel, ich konnte nicht leben, ohne für meine Untat zu büßen."

„Und warum kamst du zum Jordan?" fragte der Fremde. „Ist das auch Zufall?"

„Nein, kein Zufall", antwortete ich. „Neunundzwanzig Jahre pilgerte ich durchs Land, von Gaza bis Sidon, von Joppe bis Jericho. Eines Tages kam ich ins Dorf Emmaus, denn ich hatte gehört, daß die uralte Tamara dort wohnte, die man eine Seherin nennt, ihrer seltsamen Sprüche wegen. Und weil gerade der Jahrestag war, bat ich die Alte, mich auszupeitschen."

„Tat sie, was du von ihr verlangtest?"

„O, sie hatte noch Kraft in ihren uralten, knochigen Händen. Doch sie gab mir nur einen einzigen Schlag. ‚Genug gepeitscht', sagte sie und starrte mich dabei wunderlich an, daß ich meinte, sie wäre irre. ‚Die Zeit ist erfüllt', murmelte sie, ‚die Strafe ist abgetan.' ‚Und die Peitsche?' fragte ich. Sie blinkerte belustigt. Wahrhaftig, sie hielt die Hände vor den zahnlosen Mund und kicherte. ‚Der Jordan wird sie verschlingen!' rief sie mit krächzender Stimme und warf die Peitsche hinter mir her, wie einst Herodes sie hinter mir her geschleudert hatte, doch es war anders."

„Was war anders?" fragte der Fremde.

„Die Wahrheit zu sagen, die Finsternis hatte ein Loch bekommen, da schien mitunter die Sonne durch. Gewiß, die Straßen waren ebenso steinig wie zuvor, doch die nackten Füße schmerzten jetzt weniger. Auch fing ich an zu schlafen, ohne daß die aufgerissenen

Münder der Mütter mich peinigten. Verstehst du das, Kumpel?"

„Ich verstehe es", sagte der Fremde.

„Auch, daß ich nichts anderes im Sinn hatte als den Jordan, nicht wahr? Noch weiß ich nicht, wie der Heuschreckenfresser mir die Peitsche entwinden wird –"

„Meinst du den Täufer?"

„Ja, den meine ich. Sehe auch, zum Teufel, nicht ein, was dieses Untertauchen bewirken soll. Offengestanden, ich habe Angst davor. Kann es nicht sein, daß einem die Puste dabei wegbleibt? Einem alten Krüppel wie mir? Und vielleicht wird das die endgültige Strafe sein, wie? Ich meine, wenn der Jordan uns beide verschlingt, die Peitsche und den in Ewigkeit verdammten Kindsmörder Jojakim dazu?"

„Nicht in Ewigkeit verdammt", sagte der Fremde.

Ich wollte ihn noch etwas fragen, doch ich traute mich nicht. Er hatte sich auf die Seite gelegt und war sofort eingeschlafen.

Damit ist mein Bericht fast zu Ende. Fast, sage ich. Denn als ich den Fremden am Morgen an sein Versprechen erinnerte, mich zu züchtigen, lächelte er und deutete zum Fluß: „Wir werden sehen."

Na, und was haben wir gesehen? Gemeinsam wateten wir in den Jordan. Mit der einen Hand hielt der Fremde mich fest, weil mir schwindlig im Kopf war, mit der anderen hielt er die Peitsche. „Fürchte dich nicht", sagte er und lächelte mir zu.

Während der Heuschreckenfresser – ich meine diesen struppigen Johannes – uns untertauchte, muß ich für einen Augenblick das Bewußtsein verloren haben. Pudelnaß, doch merkwürdig leicht in den Knochen, fand ich mich in den Armen des Zimmermanns wieder. Soll ich sagen, daß die Sonne in sein Gesicht schien, obwohl es sonst ein fahler, regnerischer Tag war?

„Wo ist die Peitsche?“ fragte ich.

„Der Jordan hat sie verschlungen, du bist frei“, antwortete der Fremde und klopfte mir lachend auf die Schulter.

Seitdem kräftigte ich mich ein wenig, trotz meiner weißen Haare. Das Zittern in den Händen habe ich allerdings behalten, und ich denke mitunter darüber nach, wo der Zimmermann aus Nazareth jetzt sein mag, und schaue, vor meiner Hütte sitzend, sobald eine Staubwolke sich nähert, aufmerksam die Straße hinauf.

Drei Worte

Mein Name tut nichts zur Sache. Nennen Sie mich: die Frau, die dabei war. Oder meinetwegen: die Augenzeugin. Ich wohne nämlich dort, wo die Sache mit dem reichen jungen Mann passierte, hinter der Stadtmauer, bei den Feigenbäumen. Ganz recht, im Haus des Steuereinnehmers Matthäus. Doch was den Matthäus betrifft, da muß ich Sie enttäuschen. Der ist kein Steuereinnehmer mehr. Sie haben davon gehört? Nun gut, man hat die Angelegenheit herumgesprochen in der Stadt. Unseren ohnehin angekratzten Namen hat man vollends durch den Schmutz gezogen.

Wie? Das wissen Sie nicht? Ist Ihnen unbekannt geblieben, daß dieser Matthäus, mein Sohn, alles im Stich ließ? Die Kasse, das Geld, die Zählbank, die Waage, das Haus? Kein schlechtes Haus, o nein. Aus Steinen ist es gebaut, mit flachem Dach und Söller, wo die Gäste schlafen. Dahinter der Hof mit dem Brunnen. Und der Garten. Und der Schuppen mit dem Werkzeug. Kein großartiger Besitz, gewiß nicht. Wir sind keine reichen Leute, auch wenn man uns verleumdet und sagt, wir hielten es heimlich mit der Besatzungsmacht und wüßten Vorteil aus dem Zoll zu schlagen.

Wissen Sie, wie man uns nennt? Blutsauger nennt man uns, Saboteure, Volksschädlinge. Und darüber war ich sogar froh. Weil ich glaubte, die Beschimpfungen würden mir den Sohn, den Matthäus, erhalten. Er wagte sich ja kaum noch auf die Straße. Manchmal sagte er: „Die Leute haben recht. Wir treiben ein zwielichtiges Gewerbe. Saubere Hände haben wir auch nicht." „Laß gut sein, Junge", sagte ich, „besser, man weiß, wie klein man ist, statt Raupen im Kopf zu züchten. Begnüge dich mit dem, was du hast, und laß die Linke nicht wissen, was die Rechte tut."

Offengestanden, ich freute mich, sooft mein Sohn mürrisch nach Hause kam und sagte: „Der hat mich nicht gegrüßt, und jener auch nicht. Sie verachten uns", sagte er, „am liebsten würden sie uns anspucken."

Dann sah ich mit Befriedigung, wie er verbittert in der Ecke stand. Ich dachte: beschimpft ihn nur, diesen meinen Sohn. Das baut eine Mauer um ihn. Das treibt ihn stets von neuem in den Zorn. Das hält ihn bei mir fest.

Ja, so dachte ich damals, ich störrisches, dummes Weib. Behalten wollte ich ihn, den Matthäus. Ist ja mein Einziger, wissen Sie. Er sollte der Trost meiner alten Tage sein. Meine Hilfe in der Hinfälligkeit, die uns alle erwartet. Wie gesagt, ich rieb mir die Hände, heimlich, damit er es nicht merkte, und ich war meiner Sache sicher.

Wie töricht und kurzsichtig ich handelte – wer konnte das ahnen? Bin ich etwa erschrocken, als jener Mensch plötzlich zu uns ins Haus trat? Nennen Sie ihn, wie Sie wollen: den Rabbi, den Mann aus

Nazareth – jedenfalls war es der gleiche, der heute bei den Feigenbäumen stand, hinter der Stadtmauer. Und ich weiß, daß er uns nicht beschimpfte. Seltsam, nicht wahr?

Er trat über die Schwelle, als käme er zu seinesgleichen. Er setzte sich sogar zu Tisch. Er trank und aß mit uns – o, ich weiß, ein Skandal. Alle Zeitungen haben empört darüber berichtet. Jesus bei den Außenseitern! Bei den Blutsaugern des Volkes! Bei den Spitzeln der Besatzungsmacht! Doch die Schlagzeilen, die unsere Schande offenbarten, machten dem Matthäus diesmal nichts aus. Sie kamen nicht an gegen die Worte dieses Menschen.

Sie fragen, welche Worte ich meine? Drei. Drei ganz gewöhnliche Worte. Immerhin, den Sohn, den Matthäus, haben sie umgeworfen. Na ja, umgeworfen, man sagt das so. Womöglich haben sie ihn sogar aufgerichtet, was weiß ich. Ich bin eine alte, einfältige Frau. Ich habe erfahren, wie es zugeht in der Welt. Trotzdem bin ich lange Zeit blind gewesen. Mißtraut habe ich jedem, dem ich begegnete. Auch dem Mann aus Nazareth, das gestehe ich offen. Erst recht den Worten, die er sagte. „Folge mir nach“, sagte er. Nichts weiter. Kein Zauberspruch, nein. Kein langes Palaver. „Folge mir nach“ – das genügte.

Sie fragen, was das mit dem reichen Herrn zu tun hat? Nun ja, der ist ganz etwas anderes als wir. Ich meine, den beschimpft niemand, o nein. Man grüßt ihn von weitem. Man zieht den Hut. Man verneigt sich. Pah, ich habe sogar gesehen, wie einer von meines Sohnes Kollegen, ein Zöllner, sich vor ihm in den Staub warf.

Trotzdem ist er gestolpert, der reiche Herr. Gestolpert über die drei Worte, jawohl. Genau so ist es, ich hörte es mit Befriedigung, denn ich habe die Ohren weit aufgemacht.

Seitdem: sooft jener Mensch aus Nazareth in unserer Nähe auftaucht, werde ich unruhig. Ich denke: wem stellt er wohl heute eine Falle? Wen lockt er diesmal aus seinem Haus? Nimmt er wieder einer Mutter den Sohn? Argwöhnisch bin ich, ganz recht.

Matthäus, sooft ich ihn jetzt noch sehe, schüttelt den Kopf. Er lacht, er sagt: „Weshalb bist du traurig, Mutter? Begreifst du nicht, weshalb ich alles im Stich ließ? Du siehst doch, daß es mir gut geht!"

Es ist wahr, braungebrannt schaut er aus, der Matthäus, vom vielen Umherwandern. Einen Bart hat er sich wachsen lassen. Und er lacht, so leicht und frei, wie das früher nie bei ihm der Fall war.

Darüber denke ich nach, seit ich gesehen habe, wie der reiche Herr stolperte. Verstehen Sie mich recht, ich meine das Stolpern nicht wörtlich, o nein. Aufrecht stand er, das Haupt erhoben, das voll dunkler Locken ist. Ein bildschöner Mensch, in der Kraft und Fülle der Jugend – o Gott, dachte ich, was für vornehme und freudige Gedanken muß er in seinem Kopfe haben!

Mich beachtete er nicht, obwohl ich in seiner Nähe saß, auf der Bank vor dem Haus. Jedes Wort hörte ich, das er sprach. Zu wem? Zu diesem Jesus, natürlich. Anscheinend hatte der Reiche auf ihn gewartet. Er wollte ihn nicht auf dem Marktplatz ansprechen, mitten unter den Neugierigen. Auch nicht im Vorhof des Tempels oder dort, wo die Pharisäer ihre frommen Gebete murmeln – nein, das wäre ihm zu aufwendig gewesen, vielleicht auch zu gewagt. Ein redlicher, etwas schüchterner Herr, ohne Zweifel. Bedrückt schien er mir auch. Stumm stellte er sich in den Schatten des Feigenbaumes und wartete, bis der Wanderprediger die Straße heraufkam.

Was er diesen Jesus gefragt hat, wollen Sie wissen? Ganz einfach. Er fragte, was wir schließlich alle auf dem Herzen haben: „Meister, was muß ich tun, um das ewige Leben zu erringen?"

Und die Antwort? Ebenso simpel: „Halte die Gebote. Nicht morden, nicht ehebrechen, nicht stehlen, nicht lügen. Auch sollst du deinen Vater und deine Mutter achten. Und deinen Mitmenschen sollst du lieben wie dich selbst."

Ich denke, da ist nichts, was unsereiner nicht schon wüßte. Deshalb erwiderte der reiche Jüngling, er habe diese Gebote alle eingehalten.

Etwas zu selbstsicher, mag sein. Bezeugen kann ich nicht, ob er die Wahrheit gesagt hat. Der Mann aus Nazareth jedenfalls schaute ihn lange an. Genau so, wie er den Matthäus angeschaut hat, als er ihn wegholte. Schließlich sagte er: „Verkaufe deinen ganzen Besitz und gib das Geld den Armen." Na, und dann, dann kamen die drei Worte.

Ich stand von der Bank auf. Es zog mich näher heran, ohne daß ich es wollte. Gespannt beobachtete ich den jungen Menschen, der kaum älter sein mag als mein Sohn Matthäus, eher jünger. Wie wird er sich entscheiden? dachte ich. Und ich dachte: mein Gott, was hat dieser Reiche alles zu verlieren! Die Äcker, die Weiden, das Vieh. Auch den Bungalow in den Bergen, von dem man erzählt, er habe Treppen aus Marmor.

Und die Villa am Meer. Die Gärtnerei mit dem Pavillon, der ihm besonders lieb ist. Die Rennpferde, die Kutschen, die Segelboote. Der Schmuck, die Ringe, Diademe und Armreifen. Ich hörte, erst neulich sei eine kostbare Sendung aus Samarkand eingetroffen. Die Pfandbriefe, die Schuldverschreibungen, die Aktienpakete – nun ja, davon könnte man sich zur Not trennen, doch das Haus, in dem man geboren ist? Die Mutter, die Geschwister, die Freunde? Und was wird aus der Dienerschaft? Wohin mit den Arbeitern, den Aufsehern und Oberaufsehern?

Während dies alles mir durch den Kopf schoß, lachte ich. Wahrhaftig, ich konnte mich nicht beherrschen, obwohl der junge Mann erschrocken den Kopf hob. Ich lachte. Ich wußte, ich würde meinen Triumph haben. Endlich einer, der widersteht, dachte ich. Einer, der widerstehen muß, denn die drei Worte sind viel zu schwer für ihn.

So kam es denn auch. Merkwürdig nur, daß mir am Ende nicht nach Triumph zumute war. Im Gegenteil, das Lachen verging mir. Oder ist es jetzt eine andere Art von Lachen gewesen? Fast so, wie Matthäus lachte, wenn er ins Haus trat?

Ich merkte plötzlich, was es heißt: mitgehen. Und daß diese drei Worte eine große Kraft haben.

Nein, verstehen konnte ich das nicht. Verstehen konnte ich den Jüngling, der den Kopf senkte und langsam davonging. Der Mann aus Nazareth schaute ihm nach. Mir kam es vor, als hätte er Mitleid mit dem Reichen. Und mit mir. Weil er mein Lachen gehört hatte.

Als ich die Jünger herankommen sah, wollte ich

rasch ins Haus, doch des Nazareners Augen hielten mich fest. Ich sah den Matthäus, sah sein heiteres Gesicht, seine helle Stirn. „Mutter!" rief er und legte mir die Hand auf die Schulter.

Ich zürnte ihm noch immer, gewiß. Doch es war mir unmöglich, mich darüber zu freuen, daß dieser Reiche dem Mann aus Nazareth widerstand. Vielleicht, so dachte ich, ist es gar keine Falle, wenn einer mitgeht. Vielleicht ist es umgekehrt. Der, der nicht mitgeht, bleibt in der Falle.

Interview um eine Schlampe

Interviewer:	Sie sind der Pharisäer Simon, nicht wahr?
Simon:	Sie sagen es.
Interviewer:	Darf ich fragen, ob Sie es waren, der die Bezeichnung Schlampe gebraucht hat?
Simon:	Ja, leider.
Interviewer:	Weshalb bedauern Sie es? Man kennt die Person doch in der Stadt.
Simon:	Läßt sich gar nichts Gutes über sie sagen?
Interviewer:	Nicht, daß ich wüßte. Ein liederliches Weibsstück ist sie, die durch sogenannte Liebe Geld verdient. Na, wie nennt man solche?
Simon:	Womöglich ist sie in Not? Oder der Mann hat sie verlassen, und sie muß ihre unmündigen Kinder ernähren?
Interviewer:	Nichts dergleichen. Diese Frau hat offenbar Spaß daran, ihren Leib zu verkaufen. Es rührt sie nicht, wenn sie andere in Sünde und Verderben stürzt. Außerdem, wenn sie in Not wäre oder Unmündige zu versorgen hätte, mei-

netwegen auch eine alte, gelähmte Mutter – könnte sie nicht einer ehrlichen Beschäftigung nachgehen?

Simon (schweigt)

Interviewer: Ist sie hübsch?

Simon (schweigt)

Interviewer: Sie haben die Frau doch gesehen?

Simon (unwillig): Wollen Sie mich examinieren, mein Herr?

Interviewer: Keineswegs. Wie käme ich dazu, Sie auf die Probe zu stellen. Das ist nicht meine Aufgabe. Mir wurde nichts anderes aufgetragen, als die näheren Umstände dieses gewiß nicht alltäglichen Vorfalls zu erforschen. Entschuldigen Sie, wenn ich Ihnen zu nahe getreten sein sollte.

Simon: Also fragen Sie.

Interviewer: Darf ich ein wenig ausholen? Nun gut. Wo haben Sie diesen Wanderprediger, dem alle Welt zuläuft – ich meine den Mann aus Nazareth – wie heißt er doch gleich?

Simon: Jesus.

Interviewer: Richtig. Wo haben Sie ihn kennengelernt?

Simon: Ich kannte ihn bis dahin nicht. Doch ich wollte ihn kennenlernen.

Interviewer: Sie kannten ihn nicht? Nichts Genaues, wollten Sie sagen. Erzählungen fremder Leute, nicht wahr?

Simon: Ganz recht.

Interviewer: O, man kann sie kaum zählen, die Gerüchte, die seinen Schritten vorauslaufen. Zahlreiche Menschen hat er gesund gemacht, sogar einen Leprakranken. Offenbar verfügt er über besondere Kräfte. Er traut sich allerhand zu. Uns wurde berichtet, daß er nicht mal einen Unterschied zwischen Römern und Juden macht.

Simon: Auch nicht zwischen Alltag und Sabbat.

Interviewer: Merkwürdig. Will er das Gesetz abschaffen, dem wir alle unterstellt sind? Welchen Eindruck hatten Sie?

Simon: Ich bin mir noch nicht klar.

Interviewer: Also hat es Sie ebenso erschreckt wie uns, daß er die Forderung aufstellte: Liebet eure Feinde?

Simon: Es hat mich erschreckt.

Interviewer: Ist das nicht Wahnsinn – so ein nicht erfüllbares Gebot? Für wie stark hält dieser Mensch uns eigentlich? Oder muß man ihn lediglich als Provokateur nehmen, der den Umsturz der bestehenden Ordnung im Sinn hat? Für einen Aufrührer also?

Simon: Gefährlich ist er, ohne Zweifel. Doch anders, als Sie es meinen.

Interviewer: Wieso anders?

Simon: Er zielt nach innen, nicht nach außen.

Interviewer: Wie meinen Sie das?

Simon: Er will nicht die Ordnungen umstoßen,

um dadurch den Menschen zu verändern. Eher umgekehrt.

Interviewer: Also den Menschen will er – sagen wir mal – zuerst wandeln?

Simon: So verstehe ich ihn.

Interviewer: Wie kommen Sie darauf?

Simon: Durch die Schlampe.

Interviewer: Wie? Dieses erbärmliche Weib hätte Ihnen, dem hochgeachteten Schriftkenner, eine Lehre erteilt?

Simon: In gewissem Sinne, allerdings.

Interviewer: Erzählen Sie. Wie kamen Sie überhaupt dazu, den Wanderprediger einzuladen? Gewiß halten Sie ihn für einen Ausnahmemenschen, gar für einen Propheten? Was sagen Sie dazu, daß er einen Jüngling vom Tode auferweckt haben soll? Sind das nicht Gerüchte? Ich meine: aus der Luft gegriffene Wunschvorstellungen, die dem Mann letzten Endes nur schaden können?

Simon (nach einer Weile): Ist es schwerer, zu einem Toten zu sagen: Steh auf! Oder zu einer Hure: Deine Sünden sind dir vergeben!?

Interviewer: Sagte er das? Deine Sünden sind dir vergeben?

Simon: Genau so war es.

Interviewer: Und Sie? Sie waren entsetzt?

Simon: Allerdings.

Interviewer: Hatten Sie den Eindruck, daß die Frau, ich meine diese – diese Schlampe, wie

	Sie sich ausdrückten, nun wirklich frei war? Sozusagen ein neuer Mensch?
Simon:	Ja, den Eindruck hatte ich.
Interviewer:	Auch sie, die Schlampe, gewissermaßen vom Tode auferweckt?
Simon:	So kam es mir vor.
Interviewer:	Und woran – entschuldigen Sie, wenn ich so naiv frage – wollen Sie diese immerhin sensationelle Wandlung erkannt haben?
Simon:	Die Frau hatte ein anderes Gesicht.
Interviewer:	Ein anderes Gesicht? War sie nicht mehr die stadtbekannte Hure?
Simon:	Ja und nein.
Interviewer:	Sie sprechen in Rätseln, entschuldigen Sie. Kann ein solcher Leumund, wie diese Schlampe ihn durch Jahre besaß, im Handumdrehen ausgelöscht werden?
Simon:	Offenbar ist das möglich.
Interviewer:	Verstehen Sie es?
Simon:	Nein.
Interviewer:	Wie kam dieses Weib überhaupt dazu, in Ihr Haus einzudringen? Wußte sie nicht, daß die Schwelle, die ihr Fuß überschreitet, unrein wird?
Simon:	Sie wußte es.
Interviewer:	Trotzdem tat sie es. Hatten Sie ihr dergleichen erlaubt?
Simon:	Nichts hatte ich erlaubt.
Interviewer:	Sie besaß die Unverschämtheit, sich über die Gebote der Konvenienz hin-

wegzusetzen? Woher nahm sie diesen unverfrorenen Mut?

Simon: Aus ihrer Verzweiflung, nehme ich an.

Interviewer: Aha, verzweifelt war sie. Das wundert mich nicht. Es ist nicht angenehm, von jedermann verachtet zu sein.

Simon: Sie verachtete sich selbst.

Interviewer: Nicht möglich. Wie kann eine Dirne, die jahrelang Gefallen hat an ihrem unsauberen Geschäft – wie kann sie sich plötzlich verachten?

Simon: Unmöglich, sagen Sie. Weshalb weinte sie dann, als sie ins Zimmer trat?

Interviewer: Sie weinte?

Simon: Lautlos weinte sie, das Gesicht naß von Tränen. Suchend blickte sie sich im Raume um. In der Hand trug sie ein Fläschchen kostbares Salböl. Wir merkten nicht gleich, was sie vorhatte. Und als sie dem Mann aus Nazareth sich näherte, auf zwei Schritte etwa, fuhr einer der Jünger mit der Hand unwillig dazwischen.

Interviewer: Sie ließ sich aufhalten?

Simon: Ich denke, sie hat die abweisende Geste des Jüngers gar nicht bemerkt.

Interviewer: Und Sie, der Pharisäer Simon? Hätten Sie nicht der befremdlichen Szene ein Ende machen sollen? Weshalb taten Sie es nicht?

Simon: Ich beobachtete den Rabbi. Er kannte das Weib offenbar nicht. Doch wenn er wirklich ein Prophet ist, dachte ich, wird er wissen, in welch unsaubere Gesellschaft er sich jetzt begibt.

Interviewer: Sie wollten ihn auf die Probe stellen?

Simon: Ja, das wollte ich.

Interviewer: Und der Rabbi – wich er zurück?

Simon: Nein, er ließ die Frau gewähren.

Interviewer: Was tat sie?

Simon: Sie trat weinend an Jesus heran. Ihre Tränen tropften auf seine Füße. Dann bückte sie sich, trocknete die Füße des Meisters mit ihren Haaren, küßte die Füße und rieb sie mit dem kostbaren Salböl ein.

Interviewer: Was sagte er, der so merkwürdig Geehrte?

Simon: Nichts. Jedenfalls nichts zu der Frau.

Interviewer: Zu wem sprach er?

Simon: Zu mir. Offenbar hatte er meine Gedanken durchschaut. Ich erschrak, als er sich plötzlich an mich wandte.

Interviewer: Wollte er Ihnen Vorwürfe machen, weil so etwas Unpassendes sich in Ihrem Hause zutrug?

Simon: Nein. Er erzählte eine Geschichte.

Interviewer: Als ginge die ganze Sache ihn nichts an?

Simon: Im Gegenteil. Er schien die Geschichte nur deshalb zu erzählen, weil die Sache, die sich hier zutrug, ihn etwas anging. Womöglich uns alle.

Interviewer: Was war das für eine Geschichte?

Simon: Sie handelte von zwei Schuldnern. Der

eine schuldete dem Geldverleiher fünfhundert Mark, der andere fünfzig. Und weil keiner zahlen konnte, erließ er beiden die Schuld.

Interviewer: O, ein großherziger Geldverleiher! Gewöhnlich kennt man solche Leute anders! Weiß Jesus das nicht?

Simon: Er schien vorauszusetzen, daß es auch großherzige Geldverleiher gibt. Doch darauf kam es ihm nicht an.

Interviewer: Worauf zielte er?

Simon: Er fragte: Was meinst du, Simon? Welcher von beiden Schuldnern wird wohl dankbarer gewesen sein?

Interviewer: Kein Zweifel. Der mit der größeren Schuld, natürlich!

Simon: So antwortete ich auch.

Interviewer: Und der Rabbi?

Simon: „Du hast recht“, sagte er. Dann zeigte er auf die – die –

Interviewer: Schlampe, wollten Sie sagen?

Simon: Nein, so sage ich nicht. Denn sie war in diesem Augenblick keine Schlampe mehr. Der Schlamper war eigentlich ich, wenn man es genau nimmt.

Interviewer: Wie kommen Sie auf so etwas? Ausgerechnet an Ihnen sollte der Meister etwas auszusetzen haben?

Simon: Er machte mir keinen Vorwurf. Er zeigte lediglich auf die Frau und sagte: „Schau sie dir an. Ich kam zu dir, und du hast mir kein Wasser für die Füße gereicht. Aber sie hat mir die Füße mit Tränen gewaschen und mit ihren Haaren abgetrocknet. Du gabst mir keinen Kuß zur Begrüßung, aber sie hat nicht aufgehört, mir die Füße zu küssen, seit ich hier bin. Du hast mir kein Öl auf den Kopf geträufelt, sie aber hat mich gesalbt mit kostbarem Salböl. Meinst du nicht, Simon, daß sie die größere Liebe gehabt hat?"

Interviewer (ironisch): Fabelhaft! Die größere Liebe! Wäre es nicht richtiger gewesen zu sagen: die größere Schuld? Woher kommen denn solche Tränen sonst? Woher der Jammer in dem von Geilheit und Habsucht entstellten Gesicht? Woher die Verzweiflung, die das Hurenmensch frech über die Schwelle trieb, sozusagen ohne gesetzmäßige Erlaubnis? Habe ich recht? Soll die Anständigkeit nicht mehr der einzige Maßstab für unser Handeln sein? Soll die Größe der Schuld etwa das Maß der Liebe herausfordern? Wären Sie, der Pharisäer Simon, dann etwa weniger der Vergebung bedürftig?

Simon: So ist es.

Interviewer: Und weniger dankbar als jene Schlampe?

Simon: So ist es.

Interviewer: Und weniger fähig, anderen Liebe zu erweisen?

Simon:	So ist es.
Interviewer:	Erlauben Sie, da komme ich nicht mit. Dieser Jesus ist ja mehr als gefährlich! Er stellt die Welt auf den Kopf. Er setzt alle moralischen Grundsätze außer Kraft –
Simon:	Nicht außer Kraft. Er bewertet sie anders.
Interviewer:	Das ist es ja! Will er uns weismachen, daß nicht die Ehrbarkeit, sondern die Schuld uns frei macht?
Simon:	Die Ehrbarkeit hat es schwerer, denke ich.
Interviewer:	Das sagen Sie, ein vorbildlicher, in seiner Lebensführung unangreifbarer Mann! Wie? Sie lassen sich, ohne zu widersprechen, in Vergleich setzen zu einem stadtbekannten, ehrlosen Weibsbild! Sie hat viel Schuld auf sich geladen – Sie, der Mann des Gesetzes, wenig. Also muß ihr viel vergeben werden – wenn sie es will, natürlich –, Ihnen wenig. Ergo wird die Schlampe sich dankbarer erweisen als der Ehrenmann. Ergo ist sie der bessere Mensch. Habe ich recht mit meiner Schlußfolgerung?
Simon:	Unter Umständen, ja.
Interviewer:	Was heißt: Umstände? Umstände, die dieser Jesus voraussetzt, meinen Sie?
Simon:	Ja, die meine ich.
Interviewer:	Und welchen Namen würden Sie diesen seltsamen Umständen geben, die die

Welt auf den Kopf stellen und die offenbar das Unmögliche möglich machen?

Simon (zögernd): Liebe – würde ich es nennen.

Interviewer: Die Liebe dieser Schlampe? Sie hat zweierlei Liebe, denke ich.

Simon: Die Liebe nach der Vergebung.

Interviewer: War das immer Ihre Meinung?

Simon: Nein.

Interviewer: Ich danke Ihnen für das Gespräch.

Der Neunte

Ich bin der Neunte. Ich fange an, mich zu schämen. Jetzt wo ich ihn wiedertraf, den Samariter Jehu, und seinen Feigenbaum, jetzt spüre ich manchmal ein Kribbeln im Hals.

Na ja, eigentlich waren wir zehn, wie Sie wissen. Zehn Männer, die meisten aus Galiläa. Wir saßen am Ausgang des Ortes, dessen Namen ich vergessen habe, und bettelten. Genau genommen, taten wir nicht mal das – ich meine: betteln. Betteln ist ein viel zu feines Wort für uns. Außerdem war es verboten. Die Vorschrift besagte, daß wir uns den Passanten auf höchstens zwölf Schritte zu nähern hatten. Zwölf Schritte, das ist eine passable Entfernung. Man kann da nur schreien, nicht wahr?

Das taten wir denn auch. Wir sperrten unsere zerfressenen Mäuler auf und schrieen. Doch weil die Leute, ich meine die Vorübergehenden, in solchen Momenten taub zu sein scheinen, hatten wir uns obendrein Rasseln aus Bambusrohr verfertigt. Damit machten wir, sobald ein Gesunder sich blicken ließ, einen ohrenbetäubenden Lärm. Und selbst das nützte wenig. Die Straßen blieben meist leer.

Dieses beschissene Volk, dachten wir. Gesund sind

sie und wissen nicht, daß sie es sind. Wären sie sonst so hart und kaltherzig? Aus Furcht vor Ansteckung machen sie lieber einen Umweg durch das dornige Gestrüpp. Nur selten kam es vor, daß einer stehenblieb und uns eine Münze zuwarf oder einen trockenen Fladen. Wir stürzten uns darauf wie die hungrigen Hunde – mehr waren wir wohl auch nicht, wir zehn Männer am Rand der Straße, nicht weit von jenem verdammten Dorf, dessen Namen ich vergessen habe.

Vergessen, ja. So gut wie alles habe ich vergessen, seit ich wieder meinen Geschäften nachgehe. Ich lebe normal, ohne nachzudenken, wie eben Leute leben, die noch einmal davongekommen sind. Nicht mal auf die Namen der Kumpels, deren erbärmliches Geschick ich damals teilte, kann ich mich besinnen. Mögen sie Samuel oder Haggai geheißen haben oder Jehu, wie jener bucklige Samariter, den wir verachteten, weil er ein Ungläubiger war – was tat schon ein Name? Er war von uns abgefallen wie der Beruf, die Familie, die Herkunft. Namenlose waren wir, ausgestoßen aus der Gesellschaft, verurteilt, nicht mehr vorhanden zu sein. Von wem verurteilt?

Das fragten wir uns oft, wenn wir in unseren Erdlöchern hockten, die wir mit Dächern aus Baumrinde und Schilf versahen, um uns notdürftig vor dem Regen und dem Wind zu schützen. Wer hatte uns verurteilt, nicht mehr Menschen sondern Zahlen zu sein? Ohne Spaß, wir nannten uns so: der Erste, der Zweite, der Dritte – bis zum Zehnten, versteht sich, das war der bucklige Samariter, dieser lächerliche Mensch, der noch, als der rechte Arm abfaulte und die von Eiter geschwollenen Augenhöhlen ihn blind machten, von Rettung sprach – mein Gott, so ein Idiot.

Ich war, wie gesagt, der Neunte, und wenn ich ehrlich sein soll: ich hatte keinen Funken Hoffnung mehr, kaum noch Angst oder Auflehnung. Kopfschüttelnd hörte ich die Burschen neben mir das grindige Maul aufreißen, wenn sie ihr Schicksal verfluchten, wenn sie ihre Verzweiflung in die Nacht hinaus schrieen oder stöhnend vor Schmerzen in der Lehmkuhle sich wälzten.

Zumal der Vierte, der früher Zolleinnehmer gewesen war, ein vermögender Herr mit Haus und Grundbesitz, konnte sich nicht genug tun, jenen unaussprechlichen Jahwe zu lästern, seiner Willkür und Ungerechtigkeit wegen. Einen grausamen Despoten nannte er ihn, einen Tyrannen, einen Leuteschinder, von dem es doch hieß, er habe sich der verlorenen Schafe in Israel erbarmt.

Dabei war der Vierte nicht mal am schlechtesten daran. Noch übler erging es dem Ersten und dem Zweiten, die beide sich kaum noch bewegen konnten, weil das Fleisch von ihren Knochen abfiel. Oder der Sechste, dessen Gesicht man unter dem Eiterfraß nicht mehr erkannte. Oder der Siebente, dem die Ohren und die Nase abgefault waren. Oder der Achte, der nur noch heisere Grunzlaute ausstieß, weil die Stimmbänder vertrockneten. Oder der Zehnte, eben jener bucklige Samariter, der bei jedem Schritt torkelte wie ein Betrunkener und der sich deshalb Krücken gemacht hatte, mit deren Hilfe er sich mühsam fortbewegte.

Doch was soll ich sagen? Gerade dieser Bucklige war

es, der immer wieder von der verdammten Unmöglichkeit zu stammeln anfing. Ich meine, von Heilung. Von Gesundwerden, und was es sonst noch an Phantastereien gab. Er hielt dergleichen für möglich, obwohl seine Krücken ihn oft im Stich ließen und er dann platt auf der Nase lag. Nein, wir halfen ihm nicht beim Aufstehen. Wir spotteten über ihn, weil er in unseren Augen ein Dummkopf war, ein närrischer Mensch, noch dazu einer, der einen anderen Glauben hatte als wir. Der Tempel in Jerusalem, hol's der Teufel, war für ihn nicht zuständig. Er redete oft vom Berge Garizim, und obwohl er wußte, daß wir einer verborgenen Schuld wegen zum Aussatz verurteilt waren, wollte er sich nicht damit abfinden.

O, er hatte zum Beispiel seine Ohren noch. Und mit diesen Ohren mußte er wohl irgend etwas aufgeschnappt haben, ein paar Wortfetzen, ein zufälliges Gespräch der Passanten, was weiß ich. Jedenfalls fing er an, auf das Unmögliche zu hoffen. Er faselte von der Stunde, da es geschehen würde.

„Was", fragten wir, „was soll geschehen?"

„Der Staub wird sich erheben", murmelte er, „viele Füße werden ihn aufwirbeln. Und dann wird dort auf der Straße eine Stimme sein, die wird uns rufen."

Wir lachten. Na ja, wenn Aussätzige lachen, das sieht nicht besonders heiter aus. Es spannt sich die Haut an den kahlen Schädeln, die Zähne blecken ohne Geifer, zwischen den roten Gaumen gurgelt es mißtönig hervor.

„Was für eine Stimme, du Blödmann?" fragten wir.

„Sie wird sanft sein", sagte er, „und stark zugleich. Sie wird ein Wort sagen, dem werden wir folgen."

Abends saß er, der Bucklige, dann unter dem Schilfdach und malte sich aus, wie es sein würde, wenn er davonging aus dem Elend, zurück zu seiner Familie, zu seinem Haus, zu dem Feigenbaum, den er, weil sein Großvater ihn gepflanzt hatte, besonders liebte.

Wir hatten, wie gesagt, nur Hohn und Spott für ihn, doch jetzt – ich meine, vier oder fünf Jahre danach – fange ich an, mich zu schämen. Nicht, weil die Hoffnung des Samaritaners Jehu sich erfüllt hat – o, das ist eine nicht bestreitbare Tatsache, und ich werde mich hüten, das Geschehene zu schildern. Nur soviel will ich sagen, daß der Staub der Straße wirklich aufgewirbelt wurde, daß wir die sanfte und zugleich starke Stimme hörten und daß das Unmögliche sich ereignete. Nicht bloß, daß wir geheilt wurden – gewiß, das erfüllte uns mit Jubel und Furcht zugleich –, doch noch mehr erschreckte es uns, daß wir gemeint waren. Wir, die Zehn, die Nichtvorhandenen, die Ausgestoßenen, die lebendig Toten.

O ja, wir wurden zu neuem Leben erweckt. Wir zeigten uns, wie jener Mann aus Nazareth befahl, den Priestern, die uns erstaunt musterten und uns kopfschüttelnd für gesund erklärten.

Wir gingen heim, jeder zu seinem Haus, zu seiner Familie, zu seinem Geschäft. Und vielleicht hätte ich noch immer nicht angefangen, mich zu schämen, wenn der Beruf – ich handle mit gewirkten Stoffen, verstehen Sie? – mich nicht kürzlich nach Samarien geführt hätte, in die Nähe von Kephar Uthnaj. Dort wohnt dieser Jehu, ich traf ihn inmitten seiner Leute unter dem Feigenbaum, und das erste, was er mich fragte, war: „Du bist doch gesund?“

Ich klopfte dreimal auf Holz: „Toi, toi, toi" und zeigte ihm mein ebenmäßiges, lachendes Gesicht.

Er fragte: „Denkst du noch an die dreckige Lehmkuhle, in der wir saßen?"

Ich nickte, etwas betroffen, wie ich gestehe. Wie konnte dieser Mensch, der übrigens seinen Buckel noch besaß, sonst aber wohlauf schien – wie konnte er annehmen, daß ich die Jahre des Ausgesetztseins vergaß?

Er fragte: „Bist du, nachdem du geheilt warst, zu jenem zurückgekehrt, der dich heilte?"

„Nein", antwortete ich großspurig, „wozu auch?"

Er schwieg, dieser Jehu. Ich sah, wie seine Stirn sich umwölkte. Den ganzen Tag, den wir zusammen unter dem Feigenbaum verbrachten, schwieg er. Erst in der Nacht, als die Sterne aufzogen, erfuhr ich, daß er, der Samariter, es nicht ausgehalten habe in seinem neugeschenkten Glück. Noch ehe er die Richtung auf Kephar Uthnaj nahm, das nicht sehr weit von Nazareth liegt, sei er umgekehrt und habe dem Mann nachgeforscht, der ihn gesund machte.

„Warum?" fragte ich gelangweilt, konnte aber nicht hindern, daß ein Schauer mir über die Haut lief, obwohl es nicht kalt war.

Jehu berichtete, ohne mich anzusehen, wie er dem Meister, den er Jesus nannte, wiederum in den Weg lief. „Ich warf mich vor ihm in den Staub", sagte er leise, „dankte ihm und lobte Gott."

„Und er?"

„Er blickte mich durchdringend an. ‚Sind nicht zehn gesund geworden?' fragte er. ‚Wo sind die anderen neun?'"

Wir schwiegen. Ein leichter Wind bewegte die Blätter des Feigenbaumes, von dem Jehu behauptete, sein Großvater habe ihn gepflanzt.

„Wo ist dieser Jesus jetzt?“ fragte ich nach einer Weile. „Kann ich auch hingehen und ihm Dank sagen?“

Der Samaritaner schüttelte den Kopf. „Zu spät“, sagte er, „man hat ihn, den Rabbi, verurteilt und ans Kreuz geschlagen. Begreifst du das?“

Ich schwieg, denn, um es genau zu sagen, ich begriff von alledem nichts.

„Wenn du willst“, sagte der Samaritaner, „nehme ich dich mit in die Versammlung.“

„Was für eine Versammlung?“ fragte ich.

Er antwortete: „Nichts Besonderes. Ein paar Männer und Frauen, die ihm begegnet sind. Wir prägen uns seine Worte und Taten ein und versuchen, ihm nachzuleben.“

„Was für Worte?“ fragte ich.

Da erzählte Jehu die Geschichte vom unfruchtbaren Feigenbaum. „Ein Mann“, so sagte er, „besaß einen Feigenbaum, doch fand er in mehreren Jahren keine Frucht daran. Schließlich sagte er zum Gärtner: Hack ihn ab, er nimmt den anderen Bäumen bloß den Platz weg. Aber der Gärtner meinte: Laß ihn noch ein Jahr stehen. Ich will die Erde rundum gut auflockern und düngen. Vielleicht sind nächstes Jahr Feigen an dem Baum. Wenn nicht, dann werde ich deinem Wort folgen und ihn abhacken.“

Ich fühlte den Blick des Samaritaners auf mir ruhen. „Eine gute, lehrreiche Geschichte“, sagte ich, „doch verzeih mir, diesmal dulden die Geschäfte keinen

Aufschub. Ich muß dringend in den Süden reisen, die Termine sind vorgeschrieben. Aber in drei Wochen werde ich wieder in deiner Nähe sein. Dann gehen wir in die Versammlung. Ich hoffe, du verstehst mich."

Seitdem sind zwei Jahre vergangen. Jehu habe ich nicht wiedergesehen. Ich lebe wie sonst auch, ohne Skrupel und unnütze Fragen. Nur manchmal, wenn ich einen Feigenbaum sehe, spüre ich eine Art Kribbeln im Hals. Dann fange ich an, mich zu schämen.

Marthas Mißvergnügen

Nein, Sie verwechseln mich mit meiner Schwester, ich bin nicht Maria, die das Bessere erwählt hat, Sie haben davon gehört, nicht wahr? Ist ja wie ein Lauffeuer durchs Dorf gegangen, schämen mußte ich mich, wagte mich kaum noch auf die Straße, nachdem der Besuch uns verlassen hatte.

Am liebsten hätte ich mich in der Küche eingesperrt und geheult, aber das ist leider nicht möglich, nicht mal zum Heulen habe ich Zeit. Wer soll denn, frage ich, die Arbeit tun, das läuft doch nicht von allein.

Wie konnte der Meister so etwas denken, der mit seinen zwölf Begleitern, das sind immerhin dreizehn Personen. Sie klopfen, sie kommen herein, gewiß, nie wäre es mir eingefallen, an der Schwelle sie abzuweisen, obwohl der Schreck, noch während ich sie einlud, mir in die Glieder fuhr: herrje, dachte ich, so früh am Tage, so unangemeldet, die Stube ist noch nicht aufgeräumt, der Flur nicht gewischt, wie ich es jeden Morgen tue, weil der Wind – wir wohnen am Hang, müssen Sie wissen – den Staub von der Straße hereinweht.

Es ist wahr, nicht sorgsam genug kann man sein, überall Staub, dieser helle, feinkörnige, von den Hufen der Maultiere und den Füßen der Dorfbewohner aufgewirbelte Staub. Staub auf dem steinernen Dielenboden, Staub auf der Treppe, im Vorratsraum, in den Ritzen der Wände, Staub sogar in der Küche, auf dem Waschbrett, vor dem Aschenloch – mein Gott, allein dieser Staub hält unsereinen in Atem. Man kehrt, man wischt, man führt einen täglichen Kampf, der mitunter über die Kraft geht, besonders an Tagen, wenn die Gelenke schmerzen.

„Gib auf", sagt Maria, „laß ihn, den Staub, du kommst nicht gegen ihn an, wozu der Ärger, denn wie er hereinweht, weht er wieder hinaus. Vielleicht solltest du", sagt Maria, „nur das Fensterloch öffnen, damit er den Weg ins Freie – was lachst du", sagt Maria verwundert, mein Gott, sie meinte es ernst. „Es gibt doch Sachen", sagt sie, „die sind nicht so wichtig, die muß man hinnehmen, oder sie machen dich fertig. Staub ist ja nicht", so sagt sie, „das Schlimmste, die Mauern und Wände halten ihn aus, gewiß, ein Übel, man sieht es nicht gern, denn Sauberkeit ist etwas Gutes, man soll's nicht verachten, doch werden wir", sagt sie, „eines Tages nicht alle zu Staub, ich, du, wir alle, denk ich, die Nachbarn desgleichen? Sogar der stolze Herr Asra, die Frau des Herrn Asra, die Kinder, die Knechte, sie alle werden einst Staub sein. Dann wird ein andrer hier wohnen im Haus, eine andere Martha, die wird sich wehren, wehren gegen den Staub, den anderen Staub, der aus Gräbern heraufweht und den, so nehme ich an, nichts anderes treibt als die Sehnsucht, das Verlorne zurückzugewinnen, den Tisch, den Schemel, das Bett."

„Deshalb", sagt diese Maria, sie sagt es lachend,

„solltest du unerbittlich nicht sein gegen alles, was Staub ist. Weißt du denn", sagt sie, „ob du nicht einstmals, selber geworden zu Staub, auf der Schwelle bittest um Einlaß – o, nur in die Diele, die du so liebst, in die Küche, wo das Feuer im Herd brennt, wo du nachzählst die Teller im Schrank, die irdenen Töpfe, die blaugemusterten Töpfe im Wandbrett."

Sie faselt, sie schüttet sich aus vor Lachen, diese Maria, was hat sie, denk ich, für unsinniges Spinnweb im Kopf, statt Schippe und Besen, wie ich, in die Hand zu nehmen, zu schaffen, was not ist, den täglichen Kleinkram, den sie verachtet. Doch nein, ich will ihr nicht wehtun, sie ist nun mal anders gemacht, die klugen Gedanken versammeln sich hinter der Stirne ihr leicht, die Augen sprühen in sanfterem Glanz, mitunter sitzt sie am Fenster, in Träume versunken, oder sie preßt an die Schläfen die Hände, weil das Unverstandene sie quält, der Fragen unübersetzbare Antwort, so sagt sie, das nie gestillte Warum beim Anblick des Todes, des Leides, des unvermeidlichen Zufalls, dem die unschuldigen Kindlein, so sagt sie, ebenso ausgesetzt sind, wie jener, der Schuld hat.

„Wer", dies konnte ich oftmals sie fragen hören, „wer sucht die Opfer sich aus, wer bestimmt das Maß ihrer Schmerzen, wer sagt zum verlorenen Bruder: komm heim" – ja, diesem, dem Bruder, trauert sie nach, dem Eli, der, jung und unverschämt, wie er war, aus dem Haus ging, der Vater starb drüber hin, ich denke, man sollte, sobald er zurückkommt, der Eli, die Tür ihm weisen – doch versündigen will ich mich nicht, des Wortes gedenkend, daß dem Barmherzigen, nicht dem Gerechten, die größre Verheißung zugesagt ist.

Ach, manchmal, beim Spalten des Holzes, beim Kochen des Haferbreis oder am Webstuhl, faßt es mich an, ich denke: törichtes Weib, hast du nichts Besseres vor als dich abzurackern, täglich, dieweil es kein anderer tut, die Hände zu rühren von spät bis früh, diese kräftigen und, wie man sagt, zur Arbeit geschickten Hände? Ich blicke sie an, die Hände, sooft ich verschnaufe, die Hände im Schoß, auf der leinenen Schürze: wie breit und derbknochig sie sind, von Schrunden, von Rissen und Schwielen verschandelt – da, wie gesagt, da faßt es mich an, daß ich ins Grübeln gerate, untätig, die Hände gekreuzt: was soll's, so denk ich, hat er nicht recht, der Meister, als er mit großen Augen mich ansah, mitleidig lächelnd, wie es mir vorkam?

O, ich war in Eile, kann man sich denken, plötzlich dreizehn Personen im Haus, das Wasser zum Füßewaschen muß her, die Tücher zum Trocknen, dreizehn Tücher, wie sich's gehört, doch Schüsseln, nein, dreizehn Schüsseln besitzen wir nicht, ich sagte: „Hier sind deren fünf, ihr werdet euch, Herren, zu helfen wissen."

Sie lachten, die Burschen, sie nahmen den Wasserkrug mir aus der Hand, dieweil ich hineinging, die Stube rasch herzurichten, den Tisch, damit sie alle Platz an ihm fänden, die Stühle, die Kissen, die Fußbank, zur Not sitzt man nicht übel darauf, doch alles ein wenig unbenutzt und verwahrlost, wir pflegten sonst in der Küche zu essen.

„So wisch doch endlich den Staub weg", raunte der Schwester ich zu, der Maria, die, im Türrahmen stehend, untätig, den Meister nicht aus den Augen ließ.

Holla, was tat sie? Rührte auch jetzt keinen Finger, ich mußte, bevor ich in der Küche verschwand, wahrhaftig mit dem Wedel über die Sitze, der Rabbi nahm Platz, die lachenden, braungebrannten Burschen rundum, es fanden sich alle zurecht, man muß das halt organisieren, hier noch ein Kissen, ein Schemel, na also, wer sagt's denn.

Maria, sie hockte am Boden, dicht bei den Füßen des Meisters, ich sah es vom Herdloch aus, wo ich Feuer schlug und die Töpfe zurechtschob. Die Tür stand eine Handbreit offen, vielleicht, so dachte ich, fällt ein Wort für mich ab, doch des brennenden Holzes Geprassel nahm die Rede des Meisters, der nicht allzulaut sprach, mir fort von den Ohren. Ich quetschte die Körner, der Vorrat reichte nicht aus, ich stieg in den Keller hinab, ich schöpfte Wasser im Hof, ich brachte das Wasser zum Kochen und so, hin und her in der Küche springend und schwitzend, geriet ich, leider muß es gesagt sein, allmählich in Mißvergnügen. Ich wischte die Hände ab, rannte roten Gesichts ins Zimmer und rief: „Meister, kümmert es Euch denn nicht, daß Maria, die Schwester, mich bei der Arbeit allein läßt? Saget ihr doch, sie möge mir helfen!"

Das war nicht sanftmütig geredet, man merkte die gerechte Empörung mir an, denn ich wollte nun mal die Ausgenutzte nicht sein, die das Notwendige tut und die sich deshalb obendrein scheel muß anblicken lassen, nein, das ging mir nicht in den Kopf oder, was denkt man: hätten sie hungrig bleiben sollen, die Gäste, ungesättigt an meinem Tisch?

Der Meister schien das für möglich zu halten, lächelnd hob er den Kopf, unterbrach die Rede, und ich sah, noch immer zitternd vor Zorn, die Augen, die aufmerksamen, auf mich gerichtet. „Martha, Martha“, hörte ich ihn sagen, „du sorgst und mühst dich um viele Dinge, aber nur eins ist wirklich not.“

Bei Gott, ich verstummte, nie wäre mir anderes in den Sinn gekommen, als Gäste, die hungrig sind, zu bedienen. Doch, noch während er sprach, sah ich, halb in der Diele stehend, den Staub, der auch jetzt, bei des Meisters Worten, zur offenen Tür hereinwehte, leicht, hartnäckig, kaum sichtbar – denn wir wohnen am Hang, müssen Sie wissen, dicht an der Straße.

Und als ich dann, immer noch mißvergnügt, wie ich zugebe, allein, ohne Hilfe, in die Küche zurückging, mußte ich an die närrischen Einfälle denken, die Maria mitunter im Kopf hat, zum Beispiel daran, daß wir alle werden zu Staub und daß ich, die tüchtige Martha, dereinst zu Staub geworden, ebenfalls hier hereinwehen könnte eines ferneren Tages – ja, das mußte ich denken, nicht ohne Zorn auf den Meister, auch wenn er meine Hand nahm beim Essen, die breite, derbknochige Hand, und sich für die gute, nahrhafte Mahlzeit, wie er sagte, lächelnd bedankte.

Bartimäus wird sehend

Sehend wollte ich werden. Tag und Nacht dachte ich an nichts anderes. Es war eine Art Fieber, das mich überfiel. Entweder du wirst sehen, dachte ich, oder du stirbst.

Das ist nicht immer so gewesen. Viele Jahre saß ich an der Straße nach Jericho, ein blinder Bettler namens Bartimäus. Ich hatte dort meinen Stammplatz, zwischen zwei Baumstümpfen, deren trockene Rinde ich mit den Hände betastete. Nur nachts verließ ich den Ort, um rückwärts in der Felshöhle, die ich mit dürren Blättern ausgelegt hatte, zu schlafen. Kurz vor Sonnenaufgang wurde ich wach. Waschen konnte ich mich nur selten, da der Bach eine Stunde Weges entfernt lag. O, den Weg hätte ich gefunden, Blinde gehen womöglich weniger in die Irre als Menschen, die ihr gesundes Augenlicht haben, doch ich durfte es nicht wagen, meinen Stammplatz tagsüber auch nur kurze Zeit leer zu lassen. Die Gefahr, daß ihn ein anderer Krüppel besetzt hätte, war allzu groß.

Dazu muß man wissen, daß die Straße dort, wo ich hockte, auf eine zweite Straße traf. Eine Art Kreuzung also. Ich befand mich genau im Winkel zwischen beiden Richtungen, ein überaus günstiger Standort.

Denn alle Fußgänger, alle Karren, alle Wasserträger und alle Melonenverkäufer mußten an mir vorüber, ja selbst die Wallfahrer, die hinauf nach Jerusalem zogen, um im Vorhof des Tempels zu opfern und zu beten.

Nur einmal geschah es, daß einer von diesen herumlungernden Strolchen mir den Platz an der Kreuzung streitig machte. Er humpelte an Krücken und hatte, wie man mir sagte, ein von Lepra zerfressenes Gesicht. Ein hartnäckiger Bursche, ungelogen. Behauptete er doch allen Ernstes, die Straße gehöre gleichermaßen allen, die keine Bleibe haben. Und weil er stärker war, auch mit der Krücke um sich schlug, gelang es mir erst spät, genau gesagt, nach einer scheußlichen Schlägerei, ihm ein Bein zu stellen, so daß er auf die Nase fiel und jaulend den Platz, der mir gehörte, verließ.

Damals, das gestehe ich offen, hielt ich mich noch frei von törichten Träumen. Ich war von Geburt an blind, ich lebte genügsam und hatte keinen Grund, mir das Licht in meine Augenhöhlen zu wünschen, zumal ich festzustellen meinte, daß die Sehenden nicht glücklicher waren als ich. Gewiß, sie sprachen von der Bläue des Himmels, vom satten Grün der Blätter, vom brennenden Rot des Sonnenuntergangs, sie wußten Wunderdinge zu erzählen von der Schönheit des Menschenleibes, von der Vielfalt der Formen, von Kristallen und Edelgestein, vom Glanz bemalter Gläser, von der gleißenden Helle des Schneegebirges Hermon, vom Schattendunkel unter Zypressen und Sykomoren – dies alles machte sie tausendmal reicher, als ich es war, und es gab Zeiten, in denen ich, der die

Rinde der Holzstümpfe mit den Händen befühlte, sie um diesen Reichtum beneidete.

Zugleich aber spürte ich, daß der unermeßliche Vorteil, den die Sehenden besaßen, sie nicht klüger, nicht heiterer, nicht dankbarer machte. Wie kommt es, dachte ich, daß sie mürrisch ihres Weges ziehn, wie Verurteilte? Daß sie sich ihres Glückes überhaupt nicht bewußt sind? Streitereien drangen an mein Ohr, ich hörte oft Lästerworte, Verwünschungen, Seufzer, Schreien und Heulen, selten nur ein gelassenes, ein vernünftiges, gar ein gütiges oder verzeihendes Wort. Wie viele sind über die Kreuzung gezogen, ohne mich, den blinden Bartimäus, überhaupt zu bemerken oder, noch schlimmer, falls sie meine erhobenen Hände sahen (sie waren doch imstande, zu sehen, nicht wahr?), ohne ein Almosen herabzuwerfen aus ihrer stolzen, begnadeten Position, die Auserwähltheit heißt, Macht, Gesundheit, Lebensfreude, Erfolg.

Wer, so überlegte ich dann mitunter, hatte sie eigentlich auserwählt? Wer schenkte ihnen alles und mir nichts? Wer machte einen Bettler aus Bartimäus, der doch gezeugt und geboren war wie jene auch? Wer ließ das Licht in seinen Augenhöhlen verdorren? Wer wies ihm den Platz an der Straße an, den Platz der Verlassenen und Ausgestoßenen?

Es ist wahr, Bartimäus fing an nachzudenken über sein jämmerliches Los. Die Genügsamkeit fiel von ihm ab. Neidisch, mißgünstig, rebellisch wurde er, wie er vorher nie gewesen. Flüche kamen ungewollt, doch scharf zwischen seinen Lippen hervor. Wie ein Hund war er zuletzt, ein Hund, der die Dunkelheit ankläfft, die undurchdringliche Dunkelheit und das Geheimnis, das sich darin verbirgt. Warum, fragte ich, bin gerade ich der Bettler Bartimäus geworden? Warum sehe ich die Sonne nicht? Nicht den Schnee auf dem Berge Hermon, nicht die Fluten des Jordan, nicht die Grasflur, wenn der Frühlingsregen sie mit frischem Grün bedeckt? Mein Gott, nicht mal die Krähe erblicke ich, die über meinem kahlen Schädel krächzt, nicht die Mücke, die mich in die Hand sticht, nicht den Wurm, der die Straße überquert und der, wenn er nicht besonderes Pech hat, unversehrt drüben ankommt. Warum ist das so, forschte ich, warum nicht anders? Wer entscheidet über Sehen und Nichtsehen, über Glück oder Unglück, über Verlorensein oder Gerettetwerden?

Kurz, ich war ein Frager geworden, ein verdammt aufsässiger Frager, und ich wollte, nachdem ich Jahre um Jahre mich in mein lumpiges Los geschickt hatte, endlich wissen, warum das alles so gemacht ist. Eine Antwort wollte ich auf das verwünschte, tausendzüngige Warum – deshalb, verstehen Sie, wollte ich sehend werden.

Doch nicht deshalb allein. Seit jener Krüppel – der gleiche, mit dem ich mich schlug – von einem Menschen aus Nazareth namens Jesus zu faseln begann, war es mit meinem Gleichmut vollends aus. Gewiß, das Gesicht des Krüppels – er hieß Tobias – konnte ich nicht sehen, doch ich spürte am Zittern seiner Stimme, daß er nicht log, wenn er dem Mann aus Nazareth allerlei Unmögliches zuschrieb und daß er, Tobias, den Rest seiner Hoffnungen auf ihn setzte.

Weiß ich, weshalb Tobias gerade mich mit seinem Geschwätz belästigte? Täglich humpelte er in meine

Nähe und fragte, ob ich Neues hören wolle von dem Wundertäter.

„Pack dich", knurrte ich ihn an, doch er ließ sich nicht abweisen.

„Dieser Mensch, was meinst du, ob er hier vorbeikommen wird?"

„Scher dich zum Teufel", brummte ich und wendete meine toten Augen der anderen Straßenseite zu.

Tobias setzte die Krücken in Bewegung. Seine zischende Stimme war jetzt dicht an meinem Ohr. „Dummkopf", zischelte er, „laß dir wenigstens sagen, was dieser Jesus getan hat. Kranke hat er geheilt, Hungrige satt gemacht, die Aussätzigen und Krüppel nicht verachtet. Na, was sagst du?"

„Blind ist blind", sagte ich, „daran ist nicht zu rütteln. Und nun mach, daß du weiterkommst."

Tobias stöhnte, als er mich so großspurig reden hörte. „Dir ist nicht zu helfen", schrie er, „weil du ein verstockter, ein überheblicher Kerl bist. Keinen Glauben hast du. Deshalb wirst du auch blind bleiben und ewig an dieser verdammten Kreuzung sitzen. Womöglich willst du es nicht anders. Deine Einnahmen sind nicht schlecht. Du lebst sozusagen von deiner Blindheit. Ich aber will meine Krücken endlich loswerden."

„Was hast du vor?" knurrte ich.

„Ihm entgegenhumpeln", sagte Tobias.

Ich lachte: „Pah – wohin, wenn ich fragen darf?"

„Irgendwo wird er zu finden sein", murmelte der Krüppel.

Ich hörte, wie er sich ächzend entfernte. Ich saß an der Straße, wie vorher, und bettelte.

Trotzdem ließ das Gerede des Krüppels mir keine

Ruhe. Zum Teufel, wollte ich sehend werden oder nicht? Wie konnte Tobias behaupten, ich hätte mich abgefunden mit meiner Blindheit, wo ich doch Tag und Nacht von nichts anderem träumte als die Schönheit der Welt zu schauen und ihren geheimen Sinn zu entdecken?

Es ist wahr, ich begann die Passanten auszuforschen. Ich fragte nach dem Mann aus Nazareth. Seltsame Geschichten hörte ich: wie er vom Senfkorn sprach und vom Sauerteig, wie er Tausende speiste mit Brot und Fisch am See Genezareth, wie er übers Wasser ging, wie er die Ehebrecherin nicht verurteilte, ja sogar, wie er Tote ins Leben zurückrief.

Dies alles war gut und aufregend zu hören, doch am meisten beschäftigte mich das Wort von der Veränderung, das er den Menschen sagte: Ändert euren Sinn, sagte er, seid nicht stolz, nicht eitel, nicht gehässig – helft vielmehr denen, die allein und ausgestoßen sind, macht die Finsternis hell, verachtet nicht die geringen Brüder, sättigt die Hungernden, kümmert euch um die Kranken und Schwachen. Hieß das nicht, daß er die Menschen glücklich machen wollte? Daß er den Zorn, den Haß, den Neid auslöschte in ihren Gesichtern? Daß Freundlichkeit ihm lieb war? Eine Welt ohne Kummer, ohne Schrecknisse, ohne Entsetzen – mein Gott, dachte ich, und diese veränderte, diese zärtliche, einträchtige Welt solltest du, falls du in der Blindheit bleibst, nicht sehen?

Meine Unruhe wuchs. Jedesmal, wenn ich Lärmen und Menschenrufe hörte in der Entfernung, schreckte ich hoch. Zwischen den Baumstümpfen stand ich, den Hals gereckt.

„Was ist, Bartimäus?" fragten die, welche mich kannten. „Weshalb bist du so verstört? Erwartest du jemanden? Einen König vielleicht?"

Sie spotteten und wußten doch nicht, daß sie die Wahrheit sagten. Was sollte ich antworten? Kaum achtete ich auf die Almosen, die man mir zuwarf. Der Regen wurde mir gleichgültig, ebenso die sengende Hitze, welche die Luft gegen Mittag erfüllte. Selbst auf den Schlaf verzichtete ich. Konnte es nicht sein, daß er, der Mann aus Nazareth, nachts, während ich in der Felshöhle lag, hier vorbeizog? Kam er überhaupt?

Er kam. Nicht in der Nacht, nein, am hellichten Tage. Und nicht mal Geschrei hörte ich, nur das Schlurfen und Schieben vieler Füße im Staub. Ich wußte auch nicht gleich, daß er es war. Doch während ich mich erhob, vernahm ich, an Händen und Füßen zitternd, ringsum seinen Namen: Jesus von Nazareth.

Da fing ich an zu schreien. Verstehen Sie? Es schrie einfach aus mir heraus, ich konnte es nicht hindern. Alles schrie, was in mir war: meine Verzweiflung, meine Ruhelosigkeit, meine Hoffnung. „Jesus", schrie ich, „du Retter Israels, hilf mir!"

„Mensch", zürnten die, welche ihn begleiteten, „schrei nicht so unverschämt!"

Ich schrie noch lauter: „Hilf mir, Jesus! Hilf mir, Jesus! Hilf mir – –", da wurde es auf einmal still.

Wie man mir sagte, hatte der Nazarener die Hand ausgestreckt. Plötzlich hörte ich seine Stimme: „Was soll ich für dich tun?"

„Meister", antwortete ich, „ich will sehen!"

Jesus sagte: „Du sollst sehen."

Und ich sah ihn.

Man hat mir später erzählt, ich sei weder trunken noch verzückt gewesen, als das Licht in meine Augenhöhlen schoß. Erstaunt hätte ich mich umgeblickt, nüchtern und neugierig zugleich. Dann stimmte ich, so heißt es, den Lobgesang an, in den das Volk brausend einfiel.

Ja, und wahr ist es auch, daß ich diesem Jesus nachfolgte. Er war auf dem Wege nach Jerusalem. Ich sah, wie er dort einzog. Ich sah die erhobenen Palmenzweige, ich sah die Blumen, die man ihm zuwarf. Ich sah den Esel, auf dem er ritt.

Dann sah ich ihn eine Zeitlang nicht, obwohl meine Augen weit offen waren. Ich sah die Händler im Tempel, ich sah das Geilen und Feilschen. Ich sah die strengen Mienen der Pharisäer. Ich sah die Enttäuschung auf den Gesichtern der Hosiannaschreier. Ich sah die Verwirrung, die Furcht in den Augen derer, die man seine Jünger nannte. Ich stand dabei, als man ihn zu Pilatus brachte. Ich sah ihn, sah sein Antlitz blutüberströmt, sah die Dornenkrone auf seiner Stirn. Ich sah ihn am Kreuz. Am Schandpfahl sah ich ihn sterben, und ich frage: War es das, was der blinde Bartimäus sehen wollte? Warum?

Ja, ich frage wieder: Warum? Warum ist alles umsonst gewesen? Warum hat dieser Jesus zu den Menschen gesprochen, wenn sie doch keines seiner Worte befolgen? Warum ist der Haß noch in der Welt? Warum sind die Armen arm, die Kranken krank, die Schwachen ohnmächtig? Warum sind Neid und Mißgunst nicht ausgelöscht in den Gesichtern? Warum ist keine Freundlichkeit unter den Menschen? Warum müssen die Kinder weinen? Warum werden die

Hungrigen nicht satt? Warum besucht niemand die Gefangenen, tröstet niemand die Verzweifelten, rettet niemand die Selbstmörder?

Warum, frage ich, hat dieser, der am Kreuz starb, das Warum nicht ausgelöscht? Oder: hat er es getan, und wir sehen es nicht, begreifen es nicht, glauben es nicht, weil wir blind sind?

Was ist das für ein Mensch?

Du fragst, Mutter, weshalb meine Haare naß sind? Nun, weil ich gerannt bin, was sonst?

„Geh langsam“, sagst du.

Aber wie kann ich langsam gehen, wenn das Volk hinter mir her schreit? Jawohl, ein Haufe von Männern, Weibern, Kindern. Sie johlten und lachten. Nein, nicht über mich. Ich hüte mich, dem Pöbel von Jerusalem Ursache zu geben. Nicht, weil ich Angst habe vor den Leuten, bewahre, was können sie mir schon tun – aber den Vater sollten sie in Ruhe lassen, verstehst du?

Na ja, das ist nicht leicht zu erklären. Der Hund jedenfalls, der Akko, hat sofort gewittert, daß da etwas Unmögliches geschah. Fast zum Lachen, Mutter. Du hättest den Köter sehen sollen, wie er die Kriegsknechte ankläffte, wie er dem Vater ans Knie sprang, als wollte er ihn warnen, dem Befehl zu folgen. Doch dann, weil alles nichts half, vielleicht auch, weil die Soldaten mit ihren verfluchten Speeren den Hund bedrohten, änderte sich das Bild. Akko wich zurück. Erschreckte, winselnde Laute stieß er aus, das zottige Fell sträubte sich, als hätte er etwas Entsetzliches vor Augen, ein Unheil, wie es mitunter der Kreatur noch vor dem Menschen offenbar wird.

Der Hund tat mir leid, Mutter. Ich suchte mich durch die Menschenmenge zu drängen. Wenn ich schon dem Vater nicht beistehen konnte, wollte ich wenigstens Akko zu Hilfe kommen, doch das sture Volk ließ mich nicht heran.

„Ist das dein Köter?" fragten sie und lachten. „Bist womöglich ein naher Verwandter des Verurteilten?"

Ich schwieg. Ich wußte, daß man diesem Gesindel gegenüber vorsichtig sein muß, denn sie sind nicht Herr über sich selbst. Sie schreien, die Münder weit offen. Die Augen glühen vor Begierde, das Opfer leiden zu sehen, das man ihrer Grausamkeit überläßt. Selbst die Kinder, von denen es heißt, daß jener, den man zur Kreuzigung führte, sie besonders geliebt habe, waren außer Rand und Band. Sie tanzten im Staub der Straße, sie zerrten Akko am Schwanz, so daß dieser, noch ehe ich ihn erreichte, winselnd zur Seite fuhr und davonlief. Gern wäre ich ihm gefolgt, Mutter, doch konnte ich den Vater im Stich lassen?

Du sagst, ich soll der Reihe nach erzählen. „Man wird ja wirr im Kopf", sagst du, „man weiß nicht, ob vom Hund, vom Vater oder von dir die Rede ist. Oder war da noch ein anderer im Spiel?"

Nun gut, beruhige dich. Der Vater wird gleich hier sein. Er ging über den Acker, in die Dunkelheit. Eine Weile muß er allein sein, sagt er. Muß nachdenken über den Mann, dessen Kreuz er trug.

„Das Kreuz hat er getragen?" fragst du.

Jawohl, das hat er getan. Eine Schande für uns alle. Das begreifst du doch, Mutter? Du weißt, was das ist: ein Kreuz. Mörder schlägt man ans Kreuz, nicht wahr? Und wer will schon mit solchem Abschaum zu tun haben? Anständige Leute bleiben da in gebührender Entfernung. Nicht mal das Holz, das Schandholz, würde ich mit dem Finger berühren, die Nägel nicht anfassen, die man durch Hände und Füße schlägt. Soll der Mörder, den man zu Recht verurteilt hat, sein Kreuz doch selber zum Richtplatz tragen!

„Was für ein Mörder?“ fragst du.

Moment, ich werde das gleich berichten. Der Reihe nach, wie du es verlangst.

Also, nichtsahnend komme ich aus der Stadt. Ich weiß nicht mal, daß eine Hinrichtung stattfinden soll. Froh bin ich, daß ich Feierabend habe. Und das Osterfest vor der Tür. Erst, als ich in den Feldweg einbiege, entdecke ich das zusammengelaufene Volk. Hauptsächlich Weiber und Kinder. Aber auch Männer dabei. Jawohl, nach Golgatha bewegte sich der Zug, zur Richtstätte. Voran eine Kohorte Soldaten, das heißt, ich sah nur ihre Lanzenspitzen. Und die Kreuze sah ich. Drei Kreuze.

Schauderhaft, Mutter, du hast recht. Ich wollte weg, da kriegte mich ein Weib zu fassen. „Bist du nicht der Sohn des Simon von Kyrene?“

„Klar“, sage ich.

Sie schüttelt sich vor Lachen. Ich denke, ich habe eine Närrin vor mir. Aber nein, sie weiß, weshalb sie lacht. „Willst wohl deinen Vater anschauen?“ lacht sie.

Ich zucke die Achseln. Sie zeigt dorthin, wo die drei Kreuze über den Köpfen schwanken.

Ich laufe nach vorn. Ich recke den Hals. Was sehe ich? Den Vater, weiß Gott, den Vater unter dem Kreuz.

Was glaubst du, Mutter, wie mir zumute war. Stets bin ich stolz gewesen auf meinen Vater, weil er stärker ist als andere. Ich bewunderte seinen Mut, seine Kraft. Jetzt schämte ich mich für ihn.

Sein Gesicht war nicht zu erkennen. Ich sah nur, wie sein Rücken sich krümmte. Wie ihm der Schweiß in den Nacken rann.

Ob ich ihn anrief? Natürlich tat ich das. Er versuchte, den Kopf zu drehen, aber das Holz ließ es nicht zu. Da schrie ich. Ich mußte laut schreien, das Volk johlte um mich her. „Vater", schrie ich, „was tust du? Wirf ihnen doch das Kreuz vor die Füße!"

Wahrhaftig, das hätte ich an seiner Stelle getan. Doch er stemmte sich weiter unter das Holz, als hätte er mich nicht gehört. Die Weiber lachten, weil einer von den Söldnern mich mit der Lanze kitzelte. „Hau ab", brüllte er, „sonst bist du an der Reihe!"

Was wollte ich tun, Mutter? Gegen die Soldaten kommt unsereins nicht an. Also ging ich, um dem Großmaul auszuweichen, ein paar Schritte zurück. Dabei fiel mein Blick auf den Verurteilten.

Er ging gebückt, jetzt ohne Kreuz. Wie er aussah? Kein schwächlicher Mensch, eher groß und breitschultrig, doch nicht so stark wie die beiden anderen Verurteilten. Wäre er sonst unter dem Kreuz zusammengebrochen?

Überhaupt kam er mir nicht wie ein Mörder vor. Ein schmales Gesicht. Große, in sich gekehrte Augen. Fast nicht zu ergründen, diese Augen. Ich erschrak, als er sie auf mich richtete. Und das blutüberströmte Gesicht, Mutter – ich kann es nicht vergessen, auch wenn der Mann unserem Vater Schmach zugefügt hat.

Das Urteil? Nein, kenne ich nicht. Vielleicht ein Hochgestellter, ein Mensch, dessen Schuld besonders schwer wiegt. Hätte man ihm sonst eine Dornenkrone aufgesetzt?

Schon begann ich, Mitleid zu spüren, Mutter. Doch ich mußte an den Vater denken, der für ihn das Hinrichtungsholz trug und den man deshalb den Packesel genannt hat. Ich fürchte, der Name wird an ihm hängen bleiben. Und an uns. Zum Gespött hat er uns gemacht. Wie konnte er das vergessen, auch wenn man ihn zwang, das Kreuz auf die Schulter zu nehmen? Wollte er mit seiner Stärke großtun?

Ich jedenfalls, ich mochte nicht Zeuge sein, wie man ihn, den großen, kräftigen Simon, verhöhnte. Ich tat, als müsse ich mich um den entlaufenen Hund kümmern.

Tatsächlich, bald hatte ich Akko eingeholt. Das Vieh jaulte, als wir die Hammerschläge vom Hügel herab hörten. Wir saßen am Feldrand und warteten auf den Vater. Die untergehende Sonne stand über der Stadt, im Westen zog schwarzes Gewölk auf. Die Zinnen des Tempels röteten sich. Mir war, als wären sie in Blut getaucht.

Na, und dann kam der Vater. Gebückt kam er, als trüge er das Kreuz noch. Seine nackten Füße wirbelten den Staub auf. Ohne ein Wort blieb er vor uns stehen.

„Was setzt du dich nicht?" fragte ich.

Er schwieg.

„Weshalb", fragte ich, „hast du dich nicht geweigert, als man dich zum Packesel machte?"

Oh, er hat sich geweigert, behauptete er. Sogar die Fäuste hat er aufgehoben gegen die Lanzenträger.

Fliehen wollte er. Doch da muß etwas geschehen sein, Mutter. Etwas, das ihn zwang, stehenzubleiben.

Ich habe ihn danach gefragt. Er stammelte irgend etwas Unverständliches. Schließlich fing er von den Augen dieses Menschen an. Die Augen, sagte er, die Augen hätten ihn an der Flucht gehindert.

Ich war trotzdem wütend. „Mußtest du ihn anstarren“, rief ich, „als gehörtest du zu ihm? Als wärest du an seinen Schandtaten beteiligt?“

Der Vater schwieg. Dann sagte er, der Mann wäre unschuldig.

Ich brauste auf: „Woher willst du das wissen?“

Der Vater starrte mich lange an. Wie abwesend kam er mir vor. Irgend etwas muß er aus dem Munde des Verurteilten gehört haben. Ein Wort, das dieser sagte, als man ihm die Nägel in die Hände und Füße schlug.

Vergib ihnen, Gott, denn sie wissen nicht, was sie tun.

Möglich, daß es so war. Jedenfalls, den Vater ließ es nicht los, dieses Wort. O ja, er wird kommen. Noch vor der Nacht, sagte er, wird er zurück sein.

Wohin er ging? Weiß ich's? Fragen will er. Irgendeinen, der den Verurteilten kennt. Fragen will er ihn: Was ist das für ein Mensch, der für die bittet, die ihn kreuzigen?

Ein Narr, denke ich.

Gib mir Wasser und Handtuch, Mutter, damit ich mich wasche. Und mir die Haare trockne. Wir müssen Geduld haben. Müssen auf den Vater warten. Und auf die Antwort, ohne die er nicht heimkommt, wie ich fürchte.

Der Hund? Ja, den hat er mitgenommen.

Zeichen im Sand oder: Der verhinderte Augenzeuge

Gesehen habe ich ihn nie. Tut mir leid, doch es ist nicht zu ändern. Der Zufall wollte, daß ich immer zu spät kam. Selbst der letzte ernsthafte Versuch zu einer Begegnung schlug fehl: gestorben und begraben war er bereits, als ich den Golgatha-Hügel betrat. Nur das Kreuz stand noch da, jener von Blut besudelte Pfahl, der stumpf in den finsteren, von Blitzen durchzuckten Himmel ragte. Ich sah die römischen Kriegsknechte, die sich vor dem Unwetter duckten, ich hörte den Centurio irgend etwas murmeln, das wie „Gottes Sohn" klang – nun ja, diese Formel war mir bekannt, sie hatte in zahlreichen Berichten eine Rolle gespielt, mich aber nie direkt getroffen, auch wenn dieses Wort jetzt, bei der Furchtbarkeit des tödlichen Ausgangs, einen zwielichtigen Glanz bekam, der mich erschreckte.

Ratlos stand ich zwischen den wenigen Gaffern, die das Schauspiel bis zum Ende verfolgten und die sich auch durch die Drohung des pechschwarzen Himmels nicht vertreiben ließen. Ich schämte mich ihrer Gesellschaft. Ich verabscheute den Pöbel, der die Sensation anbetet und von tieferen Empfindungen nichts weiß. Hatten die gleichen Menschen nicht gestern:

„Hosianna!" geschrien und heute: „Kreuzige!?" Worauf warteten sie noch? Wollten sie etwas anderes als die beiden Mörder, die man jenem zugesellte – den am zweiten Pfahl, den am dritten Pfahl – endlich verrecken zu sehen?

Was ich gewollt habe, fragen Sie. Das ist nicht leicht zu erklären. Womöglich war ich nicht viel besser als jene Leute, die ich verachtete. Es drängte mich offenbar, ihn, der mich zuzeiten gereizt und unruhig machte, sterben zu sehen, seiner Auslöschung beizuwohnen. Warum? Um endgültig von ihm befreit zu sein. Denn ich gestehe: er war mir – darf ich hinzufügen: leider – nicht gleichgültig. Man will ja seine Ruhe haben, nicht wahr? Man atmet, man lebt. Man lebt für die Familie, für den Beruf, man hat gewisse Erfahrungen und Grundsätze, an die man sich hält, man folgt den selbstgesteckten Zielen, man verschmäht die krummen Wege, gewiß, doch läßt man mitunter fünf gerade sein, man schließt Kompromisse, man weicht freundlichen Abenteuern nicht aus, kurz, man will etwas haben von dem, was man Leben nennt, man will in der gleichen Gelassenheit weiter atmen, will nicht gestört sein.

Dieser Mensch aber, was tat er? Er schien es gerade darauf abzusehen, unsereinen in Unruhe zu halten. Auch wenn ich ihm, wie gesagt, nie persönlich begegnete, so waren mir doch seine Forderungen bekannt: nicht lügen, nicht mißgünstig sein, den Geschäftspartner nicht übers Ohr hauen, keine Steuerhinterziehung mehr, keine Schmiergelder, keine schmutzigen Finger, keine überhöhten Prozente, keine Freundin im Hotelbett, ja, nicht einmal der Gedanke daran – solche Parolen verbreiten sich unheimlich rasch, nicht wahr?

Wie eine Infektion ist das, man kann ihr nicht ausweichen. Plötzlich fieberst du ein wenig, du fühlst dich nicht wohl in deiner Haut, du stehst vor dem Spiegel: Na, wann kommen die Blattern heraus? Dann nimmst du dir vor, in Zukunft schwerhörig zu sein: nichts mehr von solchen Einflüsterungen! Was ich nicht weiß, das macht mich nicht heiß. Eine rigorose Medizin also – doch hilft es, die Ohren zu verstopfen? Weiß der Teufel, durch welche Organe die Appelle dich erreichen. Je mehr du dich nach außen verschließt, umso lauter pocht es innen. Ein aufreibender, fast lebensgefährlicher Zustand. Schließlich hast du die Misere satt, du willst dem Zwiespalt ein Ende machen – was tust du?

Der Sache auf den Grund gehen, was sonst? Du sagst: wo ist er, dieser Mensch, der die gewohnte Ordnung außer Kraft setzt? Ich werde ihn fragen, wie er zu solcher Anmaßung kommt! Zur Rede stellen werde ich ihn! Seine Argumente anzweifeln, seine Strenge entschärfen, seine Parolen lächerlich machen oder – – was denn: oder? Oder ihm recht geben – wollte ich das sagen?

Ich erinnere mich genau des Tages, als ich einen jener zahlreichen Anläufe unternahm, kurz vor seiner Verhaftung. Über Nacht war mir klar geworden, daß keine Zeit mehr zu verlieren sei. Sonst hatte ich mich gern hinter der Wichtigkeit der Geschäfte verschanzt. Ich hatte einfach keine Zeit für ihn. Oder der Kopf tat mir weh. Oder der Ärger über häuslichen Zwist machte mich unfähig, einen Entschluß zu fassen.

Diesmal ließ ich mich von alledem nicht beirren. Man hatte mir eine Nachricht hinterbracht, die mich plötzlich erkennen ließ, mit welcher Entschiedenheit dieser Jesus seine Forderungen vertrat. Sagte er doch eines Tages – so mein Gewährsmann – zu einem Passanten: „Komm mit mir!“ Und der, der Angesprochene, erwiderte: „Entschuldige bitte, ich muß erst zum Begräbnis meines Vaters.“ Eine stichhaltige Antwort, sollte man meinen, nichts als ein Aufschub von ein oder zwei Tagen – doch der herrische Mann aus Nazareth wischte die Entschuldigung einfach vom Tisch. „Begräbnis?“ entschied er. „Das ist Sache der Toten. Du aber sollst etwas Lebendiges tun und mit mir das Reich Gottes verkündigen.“

Nein, kein Irrtum, ich habe es aus verläßlicher Quelle. Auch keine Übertreibung, kein leichtfertiges Gerücht. Jesus scheint die Strenge einer solchen Entscheidung wirklich gemeint zu haben. Denn kurz darauf, so berichtete man mir, wendete sich ein zweiter an ihn: „Ich will ja gern mitkommen, Meister, doch erlaube, daß ich vorher von meiner Familie Abschied nehme.“ Was antwortete er, der Meister? „Wer pflügen will und zurückschaut“, sagte er, „der ist ungeeignet für das Reich Gottes.“

Was für Sprüche? denke ich. Ist das noch normal? Welchen Maßstab legt dieser Mensch denn an den Menschen? Was, in aller Welt, traut er ihm zu?

Verständlich, daß der Unmut mich faßte. Am liebsten wäre ich sofort zu ihm gerannt, um mich von seiner Arroganz zu überzeugen, doch ich hatte einen Ziegeleibesitzer bei mir, einen alten Freund. Den konnte ich nicht, ohne daß ich ihn beleidigt hätte, am

Tisch sitzen lassen. Außerdem wußte niemand, in welcher Gegend Jerusalems sich der Wundertäter gerade aufhielt. Man munkelte, er habe sich in die Einsamkeit zurückgezogen. Andere sprachen von einem Garten am Ölberg, der Gethsemane heißt. Wieder andere wollten wissen, er habe sich irgendwo mit seinen Schülern zum Abendmahl versammelt – irgendwo, ist das eine verläßliche Auskunft? Weshalb machte er, wenn er schon Anhänger sucht, nicht bekannt: dort und dort bin ich zu erreichen? Etwas Gewisses, meine ich, wonach man sich richten kann, ohne Zeit zu verlieren. Denn unsereins kann leider nicht in den Tag hinein leben, ohne Verpflichtungen, ohne feste Termine. Ich handle zum Beispiel mit Baumaterial – womit handelt er? Ich besitze mehrere Geschäftsfilialen – wieviele Handelshäuser gehören ihm? Ich muß die Familie ernähren, Frauen, Kinder, Aufseher, Sklaven – wen ernährt er? Und wenn es gar zutrifft, was er von sich und seiner ungesicherten Existenz gesagt haben soll – Sie kennen den Ausspruch? Nein? „Die Füchse haben ihren Bau, die Vögel ihre Nester, doch ich, der Bevollmächtigte Gottes, weiß nicht, wo ich ausruhen soll oder mich verstecken vor denen, die mich verfolgen.“ Ist das nachahmenswert? frage ich.

Und was meint er mit der Vollmacht, die Gott ihm übertrug? Ist das nicht ein unerhörter Anspruch? Denn gesetzt, er hätte diese Vollmacht wirklich, auch jetzt noch, nach seinem schmählichen Tod – müßte man dann nicht alles hinter sich werfen und ihm nachfolgen, sozusagen stehenden Fußes, ohne Rücksicht auf Familie und Geschäftsfreunde?

Jetzt, wo es zu spät ist, erschrecke ich mitunter. Ich bin traurig und denke: es hat sich stets nur um Weniges gehandelt, das die Begegnung verhinderte. Eine Kleinigkeit, die nicht klappte. Eine halbe Stunde, die ich zu spät kam, wie damals, als ich mich endlich entschloß, ihm leibhaft zu begegnen.

Sagte ich schon, daß es kurz vor seiner Verhaftung war und daß ich meinte, ihn im Schatten des Ölbaums anzutreffen, ganz in der Nähe meines Hauses?

Unruhe erfüllte mich. Die Unruhe eines Menschen, der von Verlangen und Argwohn gleichermaßen geschüttelt wird. Jetzt, so dachte ich, ist der Augenblick der Entscheidung, du darfst ihn nicht ungenützt verstreichen lassen.

Klopfenden Herzens näherte ich mich dem besagten Ort. Die Sonne, obwohl vor dem Untergang, brannte noch schmerzend hell, so daß ich stehenblieb und die Hand über die Augen legte.

Der Platz unter dem Ölbaum war leer. Nur ein Weib kauerte dort, die nackten Füße im Sand. „Wer bist du?" fragte ich.

Das Weib antwortete nicht.

„Hast du ihn gesehen?" fragte ich weiter.

Das Weib wendete mir das Gesicht zu und nickte.

„Du weinst? Hat er dich denn abgewiesen, der Meister?"

Offengestanden, ich hoffte, sie würde von Enttäuschung und Verlassenheit reden. Doch sie schüttelte den Kopf. „Tränen der Freude", sagte sie leise.

Meine Neugier wuchs. Ich setzte mich zu ihr und wartete. Es dauerte lange, bis das Weib den Mund öffnete und zu reden anfing.

Ich erfuhr, daß sie eine Ehebrecherin war – weiß der Himmel, sie leugnete es nicht. Man hatte sie auf frischer Tat ertappt, im Arm des Geliebten, und herausgeführt aus der Stadt, um sie zu steinigen, wie das Gesetz es vorschreibt. Doch als die Pharisäer und Gesetzeslehrer Jesus unter dem Ölbaum sitzen sahen, brachten sie das Weib vor ihn und fragten: „Was sagst du dazu?"

Mit dieser Frage wollten sie ihm eine Falle stellen, nehme ich an. Sagte er: „nicht steinigen", so verwarf er das Gesetz Mosis. Sagte er: „steinigen", so hätte man ihn bei den Römern verklagt, die den jüdischen Brauch des Steinigens verboten.

„Was tat Jesus?"

Das Weib betrachtete mich eine Weile. Sie lächelte unter Tränen und sagte: „Nichts tat er."

„Wie? Scheute er sich, eine Antwort zu geben?"

„Er beugte sich vor", antwortete das Weib, „und schrieb mit dem Finger auf die Erde."

„Was schrieb er?"

„Ich", sagte das Weib, „bin des Lesens unkundig."

Neugierig wendete ich den Kopf. Ich sah die Zeichen im Sand. Unversehrt waren sie, doch nicht zu entziffern. Eine verschlüsselte, sehr verletzliche Botschaft, wie mir schien. Morgen wird der Wind sie verweht haben.

Das Weib, als hätte sie meine Gedanken erraten, schüttelte das schwarze Haar und sagte: „Nicht verletzlich. Nicht verschlüsselt. Bleiben wird sie in mir, so lange ich lebe."

„Zu Unrecht lebst du", erwiderte ich, nicht ohne Schärfe, denn die Selbstsicherheit der Ehebrecherin ärgerte mich. „Verurteilt bist du und wirst dem Gericht nicht entkommen."

Das Weib lachte, wahrhaftig. Es war kein anmaßendes, eher ein demütiges Lachen. „Verurteilt bin ich wohl", sagte sie leise, „doch die Schuld ist mir vergeben." Sie hob die Hand. „Wo sind sie denn, die mich steinigen wollten? Siehst du sie?"

„Unerhört", beharrte ich, „wie konnten die gesetzesstrengen Männer ihre Pflicht vergessen? Und dieser Jesus, hatte er ihnen nichts zu sagen?"

„‚Wer von euch noch nie gesündigt hat, der soll den ersten Stein auf die Ehebrecherin werfen.' So sagte er den Pharisäern, hörst du? Dann bückte er sich wieder und schrieb."

„Und die Pharisäer?"

„Die blickten einander an. Sie schwiegen, ließen die Steine aus der Hand fallen und gingen. Einer nach dem anderen, die Alten zuerst. Schließlich war ich mit Jesus allein. Er hob den Kopf und sagte: ‚Wo sind sie geblieben? Ist keiner übrig, dich zu verurteilen?' ‚Keiner', antwortete ich. ‚Gut', sagte Jesus, ‚dann verurteile ich dich auch nicht. Du aber sündige von nun an nicht mehr.'"

Das Weib starrte in die steinige Schlucht hinunter, wo man sie hatte töten wollen. Ich betrachtete kopfschüttelnd die Hieroglyphen im Sand. Warum gaben sie das Geheimnis dieses Menschen, der sich den Bevollmächtigten Gottes nannte, nicht preis? Sollte ich nie an den Kern dieses Geheimnisses herankommen? Nie eine verstehbare Antwort finden?

Ich hockte mich neben das Weib, das mir einen fast mitleidigen Blick zuwarf. Es ist wahr, ich beneidete sie.

Sie hatte Gewißheit, mir blieb nichts als der Zweifel. Und war es nicht immer so gewesen, daß ich lediglich einen Zipfel des Ereignisses in der Hand hielt? Nicht das Ereignis selbst?

„Woran denkst du?“ fragte das Weib.

Sollte ich ihr gar meine heimlichsten Gedanken verraten? Etwa, wie ich nach Kana ging und den Wirt fragte: „He du, wo ist das Wasser, das er in Wein verwandelte?“ Und wie der Wirt, ein pfiffiger Bursche, mich angrinste und zum Beweis die leeren Krüge zeigte? Sollte ich eingestehen, daß ich nach dem Sturm, den der Mann aus Nazareth auf dem See besänftigte, beim Bootsverleiher vorsprach? Na, und was sah ich? Der Kahn war unbeschädigt, gewiß, doch mehr als das feste, geteerte Holz spürte ich nicht. Und als er, dieser Jesus, die Fünftausend satt machte – bekam ich etwas anderes zu sehen als die Körbe? Auch waren die Esser inzwischen wieder hungrig, die Sättigung hatte offenbar nicht sehr lange vorgehalten. Fünf Brote und zwei Fische – wer hätte da schon etwas Besseres erwartet?

„Ich denke“, sagte das Weib, „nur daran, wie er mich anschaute. Schade“, fügte sie hinzu, „daß du seine Augen nicht gesehen hast.“

Mein Gott, das gleiche hatte der Zöllner Zachäus gesagt, als ich ihn besuchte. Er hatte, obwohl er nicht eine Handbreit größer geworden war, jetzt selber strahlende Augen. Die Kollegen verspotteten ihn, weil er niemanden mehr betrog – doch was war schon Besonderes an dem Baum, auf den er geklettert war, um Jesus zu sehen?

„Sprich“, fragte ich das Weib, „muß man, um ein

Augenzeuge zu sein, denn unbedingt die Augen dieses Menschen gesehen haben?"

Das Weib schwieg. Schwarz zog die Nacht am Horizont herauf.

„Quäle dich nicht", sagte die Ehebrecherin, ehe sie ging. „Und kannst du die Schrift auf der Erde nicht lesen – ist es nicht genug, daß sein Finger sie berührt hat?"

Dieses Wort, so lange es zurückliegt, geht mir nicht aus dem Sinn. Und manchmal, in gewissen Augenblikken, wenn das Herz bebt und die Zweifel krächzend auf mich einhacken wie Krähenschwärme, kommt es mir vor, als hätte er es selber gesagt.

Nachdenken des Joseph von Arimathia über das leere Grab

Erstaunliches höre ich. Ein Bote des mir befreundeten Ben Choreb brachte die Nachricht soeben in die Stadt.

Ich hatte ein Bad genommen, wie ich es stets tue, um mit ausgeruhter, gereinigter Kraft das Tagewerk zu beginnen, da stürzte der Bote in den Hof. Dem Türhüter, der ihm die Botschaft abnehmen wollte, verweigerte er jede Auskunft. „Dies", rief er, „ist nicht für deine Ohren! Wo ist der Herr?" Nun also, er hatte es auf mich abgesehen – was konnte es demnach anderes sein als etwas Erschreckendes?

Ich gestehe, daß ich, am Spiegel vorübereilend, mein Gesicht bleich fand. Als ich den Vorhang zur Seite zog, zitterten die Hände. Ich zögerte, ich suchte mich zu sammeln, dann winkte ich den Burschen herein.

Nun gut, ich weiß jetzt, daß es sich um das Grab handelt. Und ich werde wohl nicht zur Ruhe kommen, bis diese undurchsichtige, fast beängstigende Sache geklärt ist.

Aber wird sie sich jemals klären lassen? Welche Gewalten gehen da über mich hinweg, über diesen gewiß gutwilligen, jedoch nur am Rande beteiligten Joseph aus Arimathia, von dem ich nicht mal genau weiß, aus welch unerfindlichen Gründen er sich jene großartige, in den Fels gehauene Grabstätte herrichten ließ. Doch nicht aus Prahlerei? Nicht aus lachhafter Zurschaustellung seines Reichtums? Nicht, weil er etwa krank gewesen wäre, ein vom Tode Gezeichneter – aus Vorsorge also, wie dies bei solcher Bewandtnis einem rechtschaffenen Verwalter des ihm anvertrauten Gutes zukäme? Oder womöglich seinem philosophischen Kopf zuliebe, der sich nicht scheut, auf der Höhe seines Lebens die ihm gesteckte Zeitlichkeit ins Auge zu fassen?

War es so? War es nicht vielmehr umgekehrt? Besinne dich, Joseph – du, der du nach dem Erzvater genannt bist, dessen Gebeine man in einer Lade aufbewahrte, um sie desto leichter aus Ägyptenland forttragen zu können –, was bewog dich, dieses dein Grab so felsenfest und unwiderstehlich zu machen? War es nicht die Angst, die nackte, schlotternde Angst? Und die hinterhältige Hoffnung, der Tod könnte, da du ihm solch großartige Wohnung bautest, dir seinerseits Reverenz erweisen, indem er dich verschont?

War dieses kostbare Grab also ein Versuch, die Furcht zu überspielen? Machte es in seiner Leere nicht den Eindruck des Entbehrlichen, des noch lange nicht Benötigten? Wer so sorgsam vorbereitet, will er nicht dieser Sache ledig sein? Sie verbannen aus seinen Gedanken?

Besinne dich, Joseph. Wie ungeschmälert fühltest du dich, als du den immerhin seltsamen Entschluß faßtest. Die Planung machte dir, trotz des Baumeisters Stirnrunzeln, ungewöhnlichen Spaß. Dieses Wort ist womöglich fehl am Platze, doch entspricht es genau deiner damaligen Gemütsverfassung. Fast schien es, als hättest du den heimlichen Schrecken, der dich mitunter befiel, entwaffnet. Beschwingt gingst du deinen Geschäften nach. Wie andere sich einen Pavillon bauen, ein Gartenhaus oder sonst ein Refugium, so plantest du diese Gruft, ihre Lage nahe der Stadt, ihre in den Fels gehauene Wölbung, den gemauerten Grund, das weite, doch leicht verschließbare Portal.

Man sah dich oft die Bauarbeiten beaufsichtigen. Das Reittier bandest du an die Sykomore, dann saßest du im Schatten, und, gestehe es, ein ruhiges Behagen erfaßte deine Sinne. Du erfreutest dich bester Gesundheit. Deine Besitztümer warfen mehr ab, als du brauchtest. Deine Weiber, deine Kinder, sie erquickten dein Herz, den Freunden warst du ein verläßlicher Freund. Joseph aus Arimathia, ein Mann auf der Höhe seines Lebens – was konnte er Besseres tun als freiwillig demjenigen Tribut zu zollen, dem er trotz allem untertan war? Und dieser, der Unbezwingliche, hatte er nicht bereits gelächelt und genickt? Sah es nicht ganz so aus, als würde er sich mit diesem Erweis der Unterwerfung zufrieden geben? Die Sache war in Ordnung, wie es schien.

Oder nicht? Warum mußte vor acht Monden Eli, das Söhnchen der dritten Frau, sterben? Gewiß, ein kleines, ungezähltes Kind, doch sein plötzliches Dahinschwinden war nicht aufzuhalten, auch durch jenen Mann aus Nazareth nicht, dem ich mich anschloß, weil er das Lachen der Unmündigen höher einschätzte als die Sätze der Synagogenlehrer. Jedes seiner Worte bewahrte ich in mir auf, die königlichen, die prophetischen, die praktischen, besonders diese, die für den täglichen Gebrauch bestimmt sind. Ich war dabei, als er in Jerusalem einzog. Ich hegte die gleiche Hoffnung, die auch das jubelnde Volk erfüllte: ein Großer, der da kommt im Namen des Herrn! Ein Unwiderstehlicher, ein Retter für uns alle!

Ich trieb mich in den Höfen herum, wo er Quartier nahm. Fast setzte ich meinen Ruf aufs Spiel, die Mägde blickten mir mißtrauisch nach, doch ich wollte ihn nicht aus dem Auge lassen.

War es tröstlich, was ich erfuhr? Ach, selbst dieser, der, wie man weiß, die Tochter des Vorstehers Jairus von den Toten erweckte, schien jetzt nur an Trennung und Abschied zu denken. Dunkle, vom Schmerz der Verlassenheit erfüllte Worte gingen im Kreise der Jünger um. „Meine Seele ist betrübt bis an den Tod –", dies soll er in jenem Garten gesagt haben, der am Ölberg liegt.

Ich erschrak. Ich konnte es nicht hindern, daß ich unruhige Träume bekam. Auch ertappte ich mich dabei, daß ich nicht wie sonst, wenn ich die Stadtmauer hinter mir ließ, einen Aufenthalt im Schatten der Sykomore nahm, dicht an der Grabstätte. Ich mied diesen Ort – nein, das offene Gewölbe wollte ich nicht sehen, sein Anblick machte mich schaudern. War es so, daß man auch in der Gefolgschaft dieses Mannes nicht sicher sein konnte?

Ich weiß, die Leute rätseln darüber, was mich bewog, dem Hingerichteten die Gruft zur Verfügung zu stellen, einem Menschen, dessen Sendung offensichtlich gescheitert war. Die Wahrheit ist: ich wollte das Grab los sein. Der Übermut, es geplant und gebaut zu haben, reute mich. Ohne langes Nachdenken ergriff ich die Gelegenheit, ging zu Pilatus und bat, den geschundenen Leichnam bestatten zu dürfen. Die Schar der Jünger hatte sich verflüchtigt. Niemand kümmerte sich um den Toten. Warum also sollte ich ihm, dem ich nur von ferne gefolgt war, nicht die Ehre antun? Bei der Kläglichkeit seines Endes mochte es tröstlich sein, daß er wenigstens eine ansehnliche Behausung für den ewigen Schlaf fand, dem auch er nicht zu entrinnen vermochte.

Ich atmete auf, trotz der schrecklichen Begleitumstände. Das Grab war nicht mehr leer. Es hatte seine Bestimmung gefunden. Ich jedenfalls brauchte nicht hinein. Verschlossen war die Öffnung und versiegelt. Des Pilatus Kriegsknechte saßen als Wächter davor. Die Drohung, der ich mich immer stärker ausgeliefert fand, schwieg. Zwei Tage schwieg sie. Und heute?

Heute, am dritten Tag, höre ich Erstaunliches. Der Bote, den Ben Choreb mir schickte, will mit eigenen Augen gesehen haben, daß der Torstein fortgewälzt ist. Die Wächter sind geflohen. Und das Erschreckendste: das Grab ist leer. Leer, wie es vordem gewesen.

Ich frage: was soll das? Nicht den Boten frage ich, der das Ereignis kaum auf sich selber bezieht, nein, dazu hat er wenig Ursache. Doch ich, dessen Gesicht mir aus dem Spiegel bleich entgegenstarrt, dessen Hand zittert – ich, der ich offenbar gemeint bin, ich frage: was habe ich mit der neuerlichen Öffnung des Grabes zu schaffen? Gehört es jetzt wieder mir? Wartet es von nun an auf keinen anderen als auf diesen Joseph aus Arimathia, der sich ihm leichtfertig entzog?

Was aber bedeutet es, daß unterdessen ein anderer darin lag? Wo ist er, dieser andere? Und was soll man davon halten, daß es heißt, er sei von den Toten auferstanden? Genau gesagt: er lebe? Hat er, dieser Mann aus Nazareth, eine andere Art von Leben begründet? Und diese Neugründung des Lebens, hat sie nicht stattgefunden in meinem Grab? In dieser Höhlung, die auch mich eines Tages aufnehmen wird, doch jetzt unter welch ungeheurem Vorausgang? Wo der Tod einmal besiegt wurde, kann er da je wieder Macht gewinnen?

Darüber grüble ich, seit der Bote vom Hof ging. Die Tatsachen werde ich prüfen. Doch spüre ich, daß weit über das Sichtbare hinaus hier eine Nachricht zu mir gelangt ist, die ich nicht heute und nicht morgen zu Ende denke.

Gebt zu, ihr habt geschlafen!

Du weißt, lieber Manasse, daß ich beauftragt war, mit den drei römischen Tölpeln, die man als Wächter ans Grab gesetzt hatte und die sodann mit ihrem wirren Geschrei die Bürger der Stadt erschreckten, im Namen des Synhedriums zu verhandeln.

Ungern unterzog ich mich dieser Pflicht, einmal, weil ich krumme Touren hasse, zum anderen, weil ich üble Nachrede fürchtete. Beides mußte ich, wie Dir vielleicht zu Ohren gekommen ist, in Kauf nehmen. Doch daß ich bei dieser Affäre außerdem ein seltsames und, wie mir scheint, erfreuliches Erlebnis haben würde, wer – sage selbst, lieber Manasse – konnte das ahnen?

Über die Vorgänge bist Du, nehme ich an, hinreichend informiert, besonders über das unrühmliche Ende jenes Wanderpredigers, der sich Jesus von Nazareth nannte und der heute, wenige Wochen nach seiner Kreuzigung, bereits vergessen wäre, hätte man den Leichnam sofort beschlagnahmt und ihn an unbekannter Stelle verscharrt, wie es solchen, mehr lächerlichen als gefährlichen Querköpfen zukommt.

Wir vom Synhedrium, ich räume es ein, hätten keinesfalls erlauben dürfen, daß dieser Joseph aus

Arimathia, den ich auch sonst gewisser liberaler Neigungen wegen für verdächtig halte und der, wie Du weißt, seine eigene, nahe der Stadt gelegene Gruft als Grabstätte anbot – daß dieser Außenseiter also uns, den Gesetzestreuen, seinen Willen aufzwang, auch wenn er, zur Rede gestellt, eine solche Absicht natürlich abgestritten hätte.

Wie dem auch sei, lieber Manasse, mit dem erwähnten, jedermann zugänglichen Bestattungsort war ein ärgerliches Faktum gesetzt, und wir haben uns nicht ohne Grund Gedanken darüber gemacht, auf welche Art weiteren Spekulationen endgültig vorzubeugen sei. Wir wußten ja, welch tolle Gerüchte im Kreise des Nazareners umliefen, nämlich, daß er die Gruft verlassen und ins Leben zurückkehren werde. Er selber soll, wie unbescholtene Zeugen bestätigen, derartige Phantastereien geäußert haben.

Du wirst also nicht erstaunt sein, Manasse, zu erfahren, daß wir, handfeste Sicherungen einzubauen, bestrebt gewesen sind. Der Stein, der die Gruft abschloß, wurde oben und unten versiegelt. Na, und dann postierte man die besagten Wächter, drei Kriegsknechte, die der Stadthalter uns zuordnete.

Sogleich argwöhnte ich – wie sich später herausstellte, nicht ganz zu Unrecht –, daß diese uns überantworteten Burschen kaum von besonderer Qualität sein würden. Wer setzt sich schon gern am Wochenende draußen vorm Tor auf die nackte Erde, um einen Stein und eine Leiche zu bewachen? Vom Spott der Leute, die vorübergingen, gar nicht zu reden.

Wie vermutet, Manasse: die drei machten nicht gerade den besten Eindruck. Sie trugen zwar eine

Rüstung, sie hatten Helme auf den Köpfen und Speere in den Fäusten, bärbeißig genug sahen sie also aus, um vorwitzigen Passanten Angst einzujagen – doch ob auch den Dämonen, falls solche unterwegs waren, ihre Macht an der Totenstätte zu erproben?

Sei nicht ungehalten, lieber Freund, wenn ich Dir über die seltsamen Vorgänge, die sich trotz der Bewachung in der Nacht, welche dem Sabbath folgte, und beim Morgengrauen ereigneten, nichts Genaues berichten kann. Die Stadt ist voller Gerüchte, die beim besten Willen nicht zu kontrollieren oder aufzuklären sind. Es scheint, als erhielten sie immer neue Nahrung, wie das in solchen Fällen zu sein pflegt: jeder will plötzlich etwas gesehen oder gespürt haben, die tollsten Zufälle werden für möglich gehalten, immer neue Quellen öffnen sich.

Dem war einfach nicht beizukommen, Manasse. Wir hatten alle Hände voll zu tun, um wenigstens einige Löcher zu stopfen. Begreifst Du, daß die Mittel, die wir dabei anwendeten, nicht immer ehrenhafte sein konnten?

Nun gut, ich suchte so rasch wie möglich die drei Kriegsknechte auf, die verstört im Hof des Statthalters saßen, rückwärts, bei den Lagerschuppen. Sie waren vorher schreiend durch die Stadt gelaufen, doch jetzt, als ich sie ausfragen wollte, gaben sie nur mürrische Antworten.

Um sie ein wenig aufzumuntern, erkundigte ich mich nach ihren Heimatorten – also, das klappt immer, lieber Manasse. Allmählich wurden sie gesprächiger. Wenigstens die beiden älteren, zwei abgebrühte Kerle aus den Sabiner Bergen, wenn ich mich recht erinnere.

Sie tauten auf, sie erzählten von daheim, von ihren Hütten und Ziegenherden, tja, am Ende waren sie kaum zu bremsen.

Doch was sie von der Grabstätte berichteten, war, ehrlich gesagt, ungereimtes Zeug. Die Erde wankte, beteuerten sie, Donner und Blitz habe es gegeben, ein Blitz wie ein riesiges flammendes Schwert, so daß sie zu Boden gefallen und gleichsam betäubt gewesen seien. „Wie lange?" fragte ich. Sie starrten mich mit offenen Mäulern an und wußten es nicht. Nur das eine war ihnen gewiß: der Stein ist fortgewälzt und das Grab ist leer gewesen, verdammt, so war es. „Habt ihr genau nachgesehen?" fragte ich. Ja, das hatten sie. Wenigstens die beiden, mit denen ich sprach.

Der Dritte schwieg. Er hieß Markus und saß gekrümmt in der Ecke.

„Na und du", fragte ich, „hast du etwa geschlafen?"

Er hob langsam den Kopf.

„Vielleicht habt ihr das alles geträumt", fuhr ich fort, denn ich fing an, mein Garn auszulegen, gib acht, Manasse. „Ist doch ganz einfach", sagte ich, „mitunter hat man solch schreckhafte Träume, besonders bei vollem Magen oder wenn man unbequem liegt. Jedenfalls habt ihr geschlafen. Wenn ich euch übel wollte, würde ich sagen: ihr habt eure Pflicht versäumt."

Die beiden blickten mich erschreckt und mißtrauisch an, während der Dritte noch immer schwieg. Sie wußten, daß ich ein Sadduzäer war und daß ich womöglich das Ohr des Statthalters zu erreichen imstande wäre.

„Was habt Ihr vor?" fragte der Älteste, ein Graubart, dem noch immer die Angst – ob diese oder jene, wage ich nicht zu entscheiden – wie ein Urteilsspruch im Gesicht stand.

„Nichts“, sagte ich, „was euch Schaden brächte. Doch das hängt allein von euch ab. Ich hoffe, ihr werdet vernünftig sein.“

„Was heißt hier vernünftig?“ fragte der Alte.

„Ihr werdet daran denken“, erwiderte ich, „daß ihr eines Tages nach Hause kommen wollt, zu eurer Familie, zu der Hütte in den Sabiner Bergen. Habe ich recht?“

Der Alte nickte. „Und was können wir dazu tun?“

Ich zog einen Beutel mit Geldmünzen aus der Tasche. „Ihr müßt zugeben, daß ihr geschlafen habt, nichts weiter.“

Der Alte grinste. „Fauler Zauber“, knurrte er. „Eben noch habt Ihr uns damit gedroht, und Ihr hattet nicht unrecht. Wie soll sich das reimen?“

Ich ließ den Beutel von einer Hand in die andere gleiten. „Nur, wenn ihr geschlafen habt“, sagte ich, „war es möglich, den Leichnam zu stehlen.“

Der Alte zwinkerte mir zu: „Verstehe. Ihr meint, diese Burschen, die dem Gekreuzigten nachgelaufen sind, sie wollten beweisen, daß er nicht log, wenn er behauptete, er werde im Tod nicht bleiben.“

„Genau so“, antwortete ich. „Ihr seid, wie ich sehe, umgängliche Leute. Was macht es euch schon aus, dies oder jenes zu Protokoll zu geben, falls man euch auffordert.“

„Und unser Centurio?“ fragte der Zweite, der begehrlich nach dem Beutel schielte. „Wird er uns nicht in Arrest stecken? Oder noch Schlimmeres?“

„Das laßt meine Sorge sein“, erwiderte ich.

Die Sache lief, wie ich sie plante. Doch zuletzt – es tut mir leid, Manasse – muß ich Dich trotzdem enttäuschen. Ganz sicher gehen wir ja nie, lieber Freund, auch wenn das Garn noch so fein gesponnen ist.

Der Dritte nämlich, diese Markus, weigerte sich, das Geld zu nehmen. Er habe keineswegs geschlafen, sagte er, und lügen wolle er ebenfalls nicht.

Ich blickte den Burschen aufmerksam an. Er war ziemlich jung, ein schmales, sympathisches Gesicht. Ihn darüber auszuforschen, was er von den Ereignissen am Grabe halte, schien mir unangebracht. Deshalb fragte ich, um ihn abzulenken: „Kommst du auch von dort? Ich meine, aus den Bergen?“

Er nickte, er fing an, stockend zu berichten – alles Dinge, die ich nur halb verstand. So viel wurde mir deutlich, daß er mit Trotz zuhause weggelaufen war, vor fünf oder sechs Jahren, und daß der Alte ihn verfluchte – Du verstehst, Manasse, so etwas kommt vor.

Doch was hatte das alles mit dieser Nacht zu tun? Bei näherem Hinsehen kann man da nur den Kopf schütteln. Der Bursche behauptete nämlich, er habe so etwas wie einen Wachtraum gehabt – kein Wortspiel, Manasse, obgleich es sich hier um eine Wache handelt –, vielmehr sei der Vater gegen Morgen, während die besagte Lichterscheinung vor sich ging, plötzlich leibhaft vor ihn hingetreten und habe mit vernehmlicher Stimme zu ihm gesprochen.

„Was gesprochen?“ fragte ich, bestrebt, mein Lächeln zu unterdrücken.

Der Bursche ließ sich nicht beirren. Er wußte den Wortlaut genau: Komm heim, Sohn! Das hatte er vernommen, mit offenen Augen und Ohren. Und er fügte hinzu, er wisse nun, daß der Alte ihm vergeben habe und auf ihn warte. Deshalb wolle er, der Markus, beim Gouverneur ein Gesuch einreichen, damit ihm gestattet werde, vorzeitig aus der Armee auszuscheiden und in das Haus seines Vaters zurückzukehren.

Du siehst, Manasse, wiederum eine jener Abstrusitäten, an denen unser Zeitalter offenbar reich ist. Nur eben, der Bursche blieb bei seiner Aussage ebenso hartnäckig, wie er sich weigerte, Geld zu nehmen. Und wenn er mir auch nicht sehr gesprächig vorkam, eher schweigsam und in sich gekehrt, so bleibt am Ende doch der Verdacht, daß diese leidige Sache, die endgültig aus der Welt zu schaffen meine Aufgabe war, sich dennoch ausbreiten könnte, wenn nicht durch andere, so doch durch diesen einen.

Nun, wie auch immer die Geschichte weitergehen mag, lieber Manasse, ein wenig freut es mich schon, diesem Burschen, dem Markus, begegnet zu sein.

Alles Gute für Dich und unsere Freundschaft –

Sachariel.

Das muß man weitersagen

Wer bin ich, fragt ihr? Und wie es kommt, daß ich, ein einfältiger Mensch, statt mich aufs Ohr zu legen, nicht aufhören kann, diese Sache zu erzählen? Ist sie nicht merkwürdig genug? Wer von euch, die ihr auf dem festgestampften Lehmboden der Karawanserei hockt und mir zuhört, könnte Besseres berichten?

Dabei bin ich nie geschwätzig gewesen, im Gegenteil, ich rede manchen Tag kein Wort, und mein Herr, der Schatzmeister, pflegt zu sagen, so einen maulfaulen Kutscher habe er zuvor niemals besessen.

Recht hat er, möge ihm eine geruhsame Nacht und ein glückliches Ende der Reise beschieden sein. Doch mich hält es nicht auf der Pritsche, obwohl die Maultiere versorgt sind. Ich gab ihnen Häcksel zu fressen und Wasser zu trinken, ich striegelte die struppigen Felle und verband dem Linken, der ein wenig hinkt, den geschundenen Huf. Erzählen, nein, kann ich den Tieren nichts, obgleich sie dabei waren und die Köpfe schüttelten wie in heimlicher Freude, doch Menschenohren haben sie nicht.

Und was mich betrifft, den Kutscher des gnädigen Herrn Kämmerers, der wiederum ein Beamter der Königin von Äthiopien ist, die wir Kandake nennen, was Oberhaupt oder Allgegenwärtigste Herrin bedeutet – ich, Schejuhim, der Untersten einer, ich muß die Geschichte loswerden, sonst finde ich keine Ruhe.

Hört also zu. Am Ende werdet ihr womöglich um eine Erfahrung reicher sein, und wenn es bloß die wäre, daß ein Tag, der aussieht wie jeder andere, plötzlich ein Freudentag sein kann, wie mit feurigem Licht übergossen.

Ihr zweifelt? Wahrscheinlich seid ihr nie Kutscher bei einem mächtigen, mitunter launischen Herrn gewesen. Da gibt es stets etwas zu murren, zumal wir uns auf der Heimreise von Jerusalem befinden, mehr als tausend Kilometer entfernt von unserer Heimat Äthiopien.

Der Schatzmeister, der im Range eines Ministers ist – vielleicht habt ihr sein strenges dunkles Gesicht gesehen, als er über den Hof ging – hatte im Tempel gebetet, doch mochte sein Gemüt nicht Tröstung genug empfangen haben, was weiß unsereiner da schon. Unwirsch saß er auf dem Polster, als wir von der Gottesstadt südwärts fuhren nach Gaza, das, wie mein Herr sagt, von einem Gewaltigen namens Alexander bis auf den Grund zerstört ist.

Trümmer machen keine freudigen Gedanken, das weiß ich ebenso, der Kutscher, der obendrein darauf achten muß, daß die Zugtiere sich in dem Geröll der Steine nicht die Knochen brechen.

Mein Herr seufzte mitunter. Er hatte eine Schriftrolle auf den Knien, davon verstehe ich nichts. Doch bei dem Gerumpel mochten die Buchstaben wirr vor seinen Augen tanzen. „Halt an!“ rief er und beugte sich tiefer über das Pergament.

Es ist wahr, der Kämmerer ist ein williger Mann, nicht hochfahrend oder gar hinterhältig, wie es deren viele bei Hofe gibt. Deshalb, weil er auf Gerechtigkeit hält und seinen Fuhrknecht nicht ansieht wie eine Wanze, bin ich jederzeit gern im Dienst bei ihm gewesen. Ich habe mit ihm gelitten, wenn er krank war, und wurde, sooft sein Gesicht sich erheiterte, ebenfalls froh.

„Halt an!" rief er also jetzt. Ich hielt und kraulte, wo ich stand, dem Maultier die Ohren.

Der Kämmerer, was tat er? Sein Finger glitt über die Schrift, er las und las und schüttelte den Kopf.

Da hörte ich plötzlich neben uns eine Stimme. Begreift ihr, daß ich erschrak? Mitten in der Wüste, in unwirtlicher Gegend, mein Gott, wer konnte das schon sein? Ein Landstreicher? Ein Räuber?

„Verstehst du auch, was du da liest?" fragte der Fremde.

Ich wollte ihm die ungebührliche Anrede verbieten. Der Bursche wußte offenbar nicht, wen er vor sich hatte, doch mein Herr winkte mir, zu schweigen. Er wendete das schwarze Gesicht dem Fremden zu und antwortete: „Nein, wie kann ich's verstehen, wenn es mir niemand erklärt?"

Wahr ist, er strengte sich gewaltig an mit der Schrift. Ich sah Schweißtropfen glänzen unter dem Turban auf seiner Stirn.

Der Fremde, obwohl er kein Räuber war, auch kein Aussätziger, kam mir trotzdem nicht geheuer vor. Nicht hindern konnte ich, daß er nahe herantrat und das Geschriebene auf seine Art zu lesen anfing.

Es war von einem Schaf, das geschlachtet wird, die

Rede. Von einem Lamm, das sich ruhig scheren läßt und seinen Mund nicht auftut. Na, und so ähnlich ging es weiter im Text.

Ich bitte euch, wie kann ein wehrloses Tier, das auf der Schlachtbank liegt, wie kann es aufbegehren gegen seine Schlächter? Da mußte ein geringer Mensch wie ich den Kopf schütteln, nicht wahr? Sind wir, die man Knechte oder Leibeigene nennt, doch selber diesen Schafen ähnlich, die den Mund nicht auftun, weil sie das Recht der Stimme nicht haben, weil man sie stumm macht mit Drohung und Gewalt. Was können sie anderes als ihr Los auf sich zu nehmen?

Offengestanden, ich spitzte die Ohren bei den Erklärungen des Fremden, auch wenn solche Neugier mir keineswegs zusteht. Vielleicht wollte ich erfahren, ob es für das geplagte Lamm so etwas gibt wie einen Funken Hoffnung, zumal der Fremde den Finger auf die Schrift stieß und eifrig redete. „Er wurde gedemütigt", las er, „und fand trotzdem sein Recht, denn er wurde aufgehoben von der Erde."

„Wovon spricht der Prophet?" fragte mein Herr. „Redet er von sich selber oder meint er einen anderen?" Seine Stirn zog sich in Falten, seine Nase war heller als sonst. Das kannte ich an ihm, und gewöhnlich fürchtete ich diese Zeichen, denn sie deuteten auf Erregung oder zornigen Ausbruch. Angestrengt lauschte er den Worten des Fremden.

Dieser muß am Ende etwas Gutes gewußt haben, auch wenn ich es nicht begriff. Aber braucht unsereiner alles zu verstehen?

Stellt euch nun bitte das Gesicht meines Herrn vor: wie das Finstere, fast Verzweifelte von ihm wich, wie die Stirn sich erhellte, wie ein Funke in die Asche der Trübnis sprang und das Feuer der Freude aufloderte – nein, beschreiben kann man das nicht.

Nur eben, dem Kutscher Schejuhim, meiner unwürdigen Person, fiel damit ein Stein vom Herzen. Ist es etwa angenehm, einen mürrischen Herrn, den Schatzmeister meine ich, von Jerusalem nach Äthiopien in die Hauptstadt Meron zu kutschieren, neunzehn oder zwanzig Tagereisen weit? Wieviel besser läßt sich das machen bei ungetrübter Laune. Und wahrlich, er blickte, dieser nunmehr Belehrte, jetzt aus helleren Augen, ja, er strahlte über das ganze dunkelfarbige Gesicht.

Ihr fragt, was den Wandel bewirkte? Wüßte ich das, ihr Freunde, so wäre vielleicht auch uns, die wir keinerlei Anspruch haben, geholfen. Leid ist mir deshalb, daß ich eure Neugier enttäuschen muß. Doch habe ich immerhin ein paar Worte behalten, einen Satz, einen wichtigen Satz, wie mir scheint, denn mein Herr sprach ihn über das Wasser gebeugt, mit gekreuzten Armen und in sich gekehrtem Gesicht.

„Wieso Wasser?“ fragt ihr.

Verzeiht, ich vergaß zu sagen, daß wir an einem Tümpel hielten. Und plötzlich zeigte der Schatzmeister mit dem Finger dorthin: „Wasser!“ rief er. „Dicht am Weg! Weshalb soll ich mich da nicht taufen lassen?«

Der Fremde nickte. „Das kann geschehen. Wenn du ehrlich glaubst.“

Na, und dann sagte mein Herr den Satz, der sich in mein Gedächtnis eingrub, jedes Wort einzeln. Er sagte: „Ich glaube, daß Jesus Christus der Sohn Gottes ist.“ Und der Fremde taufte ihn.

Merkwürdig, wie? Auch wenn eine Taufe mir nichts Unbekanntes ist – wie kann sie mitten auf dem Weg, gewissermaßen im Staub der Landstraße, geschehen? Dazu jener Name – nicht der Name eines Herrschers oder Großgrundbesitzers, nicht mal der eines stolzen Pharisäers, nein, der Name eines Gekreuzigten, den ich bereits in Jerusalem mit Achselzucken, mit Zweifel oder mit Abscheu nennen hörte. Was soll unsereins davon halten?

Doch daß der Kämmerer, mein gnädiger Herr, die Reise in Fröhlichkeit fortsetzte, daß er trotz der holprigen Straße anfing zu singen und allerlei Kurzweil mit mir, seinem untersten Knecht, zu treiben, das erzähle ich euch gern, auch wenn ich, der Kutscher Schejuhim, es nicht völlig begreife.

Nun ja, so viel muß richtig sein: es gibt etwas, das den Menschen von Betrübnis und Zorn zur Freude führt, das ihn lachen läßt, wo er verstockt war, und daß ihn, wo er irrte, auf den richtigen Weg bringt.

Deshalb schweige ich nicht, verzeiht mir. Ich bin ein einfältiger Mensch. Doch ich denke: was man erlebt und was man für wahr hält und für heilsam, das muß man weitersagen.

Gutes Geschick oder: Eutychus, der aus dem Fenster fiel

Das Fallen fing früh an. Genau gesagt, mit der Mama. Sie war siebzehn, als ich mich bei ihr meldete. Ledig, ein gefallenes Mädchen, was sonst. Damals arbeitete sie als Serviererin im Gasthaus „Zum Lamm", und der Mond, so erzählte sie, stand blutrot am Himmel oberhalb Jericho, während sie mich empfing.

Es muß eine berauschend schöne Nacht gewesen sein. Ich hörte als Kind, wie sie ihren Liebhabern solches Zeug vorschwärmte. Die Zypressen flüsterten im Wind, und die Luft war so wohlig warm, daß man nackt darin hätte baden mögen – es gibt derlei Momente, nicht wahr?

Vom Sohn des Gastwirts, einem gewissen Joschua ben Chorim, war ebenfalls die Rede. Schwarze Locken hatte er, wie ich, eine glatte Stirn und Lippen gleich der geöffneten Frucht des Feigenbaums. Besonders wagemutig ist er wohl nicht gewesen, denn er widerstand seinem Vater, dem Gastwirt, schlecht, als dieser ihn zwang, sich von dem Mädchen zu trennen. Mit Geld wurde diese Mirjam, meine Mama, die ebenfalls ein uneheliches Kind und nichts als Serviererin war, schließlich abgefunden.

Das Geld, hol's der Teufel, hat ihre Ansichten

seitdem verändert, sie kam nicht mehr davon los, obwohl sie, wie sie beteuerte, jenen leichtfertigen Burschen, den Joschua, geliebt hat. Er war ihre erste und einzige Liebe, sagt sie. Doch von jener Nacht an ist die Liebe für sie mit Geld verbunden gewesen – Sie wissen, was ich meine? Die Sinne gingen ihr, glaube ich, durcheinander. Nicht, daß sie völlig verdreht gewesen wäre, doch sie lachte, wenn andere weinten, und sooft sie selber weinte, hatte es keine feststellbare Ursache. Schwärmerisch blieb sie und geldgierig zugleich.

Und ich, ich bin ihr einziges Kind gewesen, wenn ich von der kleinen Jenny absehe, die, kaum zwei Jahre alt, sich wieder verabschiedete aus dieser beschissenen Welt. Die Mama nannte mich Eutychus und behauptete, das hieße „Lied der Grille“, obwohl die Schriftgelehrten eine solche Auslegung für Unsinn halten. Sie sagen, mein Name bedeutet „Gutes Geschick“, doch darüber kann unsereiner nur lachen. Ist auch egal. Die Mama jedenfalls blieb hartnäckig dabei, das Gras habe in der besagten Nacht wie Honig geduftet und die Grillen hätten dicht an ihrem Ohr den betörenden Gesang so lange fortgesetzt, bis sie, die Mirjam, aus ihrer Brunst erwachte. Ja, sie verschwor sich, das Lied der Grillen in jener Stunde wie überirdische Musik verstanden zu haben – „als spräche Gott selber zu mir“, so war ihre Rede. Die Kerle, die sie mit Branntwein bewirtete, lachten sie aus: „Gott spricht aus dem Gezirp der Grille, meinst du es so?“ Sie nickte ernsthaft, und ihre Augen wurden noch dunkler, als sie ohnehin waren.

Nebenbei, ich bin von der Großmutter Amara

aufgezogen worden, weil sie sagte, ich solle dem Dämon nicht anheimfallen. Was sie unter Dämon verstand, habe ich nie begriffen, denn einmal meinte sie den Schnaps, dann das Geld, zum dritten die Hurerei.

Amara war eine strenge Frau, sie züchtigte mich unbarmherzig, die Rute lag neben der Ölfunzel, die abends mit flackrig stinkender Flamme brannte. Dabei quasselte auch sie von einem großen Licht, das die Finsternis erhellen und die Dämonen austreiben werde.

Woher sie den Unsinn hatte, weiß ich nicht – immerhin, wir hätten in unserer Armut ein wenig Auffrischung, sagen wir: Trost oder Hoffnung, nötig gehabt. Das Brot ist rar gewesen, die Ziege gab wenig Milch. Krank war die Großmutter obendrein, sie hustete schrecklich, besonders nachts.

Und was die Dämonen betrifft, so schien Amara schon früh deren Bekanntschaft gemacht zu haben, nur eben, sie hatte sich rechtzeitig ihrem Zugriff entzogen, wie sie sagte. Nach Mamas unehelicher Geburt hatte sie einen Ziegelarbeiter geheiratet, Jonathan Krauskopf mit Namen, der jedoch, bevor er seine wirren Ideen verwirklichen konnte, die Staublunge bekam und in die Grube fuhr, jung an Jahren. Auch er, sagte Amara, ist vom Dämon besessen gewesen, einem vierten, den sie „Aufruhr" nannte. „Der Aufruhr hat ihn kaputt gemacht", sagte sie, „nicht der Staub der Ziegelsteine." „Aufruhr wogegen?" fragte ich. Sie blickte mich böse an und zeigte nach der Ölfunzel, wo die Rute lag. „Dagegen", belferte sie, „gegen das Licht und gegen die Ordnung, verstehst du?" Gewöhnlich fügte sie dann eine Warnung hinzu vor den Wallungen des

Gemüts, besonders vor dem Jähzorn, dessen Anzeichen sie bei mir zu entdecken meinte.

Es ist wahr, ich wurde mitunter von Wut oder Zerstörungslust geschüttelt. Ich zerbrach das Spielzeug, das Amara sich absparte von ihrer Löhnung, ich schmetterte den Becher zu Boden, wenn ich Wasser statt Milch zu trinken bekam. „Du ähnelst deinem Großvater, dem Krauskopf", behauptete Amara und schlug mich, bis sie selber erschöpft auf einen Schemel sank. Dabei bin ich gar nicht der Enkel jenes Krauskopf gewesen, die Prügel waren umsonst. „Papperlapapp", brummte Amara, „der Mensch ist böse von Jugend auf, du wirst da keine Ausnahme machen, auch wenn der liebe Gott deiner verdammten Mama ein Wort ins Ohr gewispert hat, als sie dich empfing." Damit meinte sie die Grillen.

Tatsächlich, ich machte keine Ausnahme. Sooft die Hure mich zu sehen wünschte, riß ich mich von ihrer Hand los. Es war mir zuwider, daß sie nach Salböl roch und daß glitzernde Ringe in ihren Ohrläppchen schaukelten. „Willst du deine schöne Mama nicht begleiten?" fragte sie verdutzt. „Alle Kinder wollen doch eine schöne Mama." Was tat ich? Mit Fäusten ging ich gegen sie an, dann verbarg ich mich im Schuppen und schluchzte.

Amara, als der Husten sich verschlimmerte, brachte mich ins Waisenhaus. Dort mußten wir Körbe flechten. Mit der Zeit gewann ich besondere Fertigkeit in diesem Handwerk, doch heimlich lugte ich durch das vergitterte Fenster, ob nicht irgendwo ein Spalt zur Flucht sich auftäte. Manchmal wünschte ich, eine Ratte zu sein oder ein Sperling, doch ich wuchs und wuchs, wurde acht Jahre alt, dann zehn, dann zwölf, die Fenster und Türen blieben mir verschlossen. Und der Zuchtmeister des Hauses, ein alter, ausgedienter Soldat, sooft er das Rohr auf meinem Rücken zerbrach, fluchte: „Den Teufel der Verstocktheit werde ich dir austreiben, mein Sohn" – bis ich eines Tages den Krüppel zusammenschlug und flüchtete, denn ich war inzwischen fünfzehn, dazu groß und kräftig geworden, ein Bursche, vor dessen Fäusten im Waisenhaus jeder zurückwich. Gelernt hatte ich, wie gesagt, den Beruf des Korbflechters, später wurde ich Scherenschleifer, Kellner, Ochsenknecht, Gehilfe des Zollinspektors, je nachdem, wo man mich brauchte, denn ich war ohne festen Wohnsitz und mußte zusehen, wie ich mich durchschlug.

Die letzte Nacht, bevor ich über die Grenze Galiläas wechselte, verbrachte ich am Bett der Großmutter, die kurz darauf starb. Sie faselte unaufhörlich von einem Mann namens Jesus, der aus Nazareth stammen sollte. „Ein Wundertäter, ein Prophet", stammelte sie, „der gekommen ist, die Welt neu zu machen. Man erzählt unglaubliche Sachen von ihm, hörst du?"

Die Wahrheit zu sagen, ich hatte kein Ohr für das Geschwätz der Großmutter. Ich suchte, während sie keuchend nach Luft rang, im Schubkasten den Beutel zu erwischen, in dem sie ihre Groschen aufzubewahren pflegte, denn ich hatte sechs Wochen keine Arbeit gehabt und war total blank.

„Weißt du, Junge, was dieser Mensch tut?" hechelte die Großmutter. „Er treibt wahrhaftig Dämonen aus! Was lachst du? In die Säue hat er sie gejagt! Und die Säue stürzten sich kopfüber ins Wasser. O, weshalb muß ich jetzt sterben, Eutychus, ohne diesem Dämonenmeister begegnet zu sein!“

Amara richtete sich auf. Womöglich hatte sie gemerkt, daß ich die Schubkästen durchwühlte. „Du Hurensohn!“ schrie sie plötzlich. „Bist du gekommen, deine sterbende Großmutter zu bestehlen? Gib her!“ jammerte sie, als sie den Beutel in meiner Hand gewahrte, „das ist mein Totengeld, Bursche. Ich sparte es, damit ich ehrlich, wie ich gelebt habe, unter die Erde komme. O, ich verfluche dich, du Lump, du Galgenvogel! Glaube nicht, daß der gestohlene Mammon dir Nutzen bringen wird. Stolpern wirst du, stolpern und fallen, solange du den bösen Geist beherbergst in deinem Herzen!“

Ich floh. Das Gekrächz der Sterbenden flatterte hinter mir her. Noch heute, wenn es still ist, höre ich mitunter den Fluch wie Gewisper im Gras, doch damals schlug ich die letzten Worte der Großmutter in den Wind. Ich setzte das Leben, das sie verdammungswürdig genannt hatte, fort. Siebzehn Jahre war ich alt, doch wenn ich in den Spiegel blickte, erschrak ich vor meinem Gesicht. Ungekämmt zottelte das Haar mir in die Stirn, tiefe Löcher gruben sich in die Backen, die Nase war blaß und spitz, zwei Zähne hatte man mir ausgeschlagen. Nur die Augen zeigten noch das ursprüngliche Feuer, ich hurte, trank und stahl. Man sperrte mich ein, zweimal, dreimal, das vierte Mal an der Grenze zwischen Cilicien und Pamphylien, wo man mich nachts mit einer Schmugglerbande aufgriff. Dort, in der Stadt Lystra, geschah es auch, daß ich einen Gefängisaufseher traf, der behauptete, er wäre von der Kinderlähmung geheilt worden. Als Beweis zeigte er die Krücken vor, die er dreißig Jahre lang gebrauchte, um sie dann in einer einzigen Minute, in der sie unnütz wurden, zu Erinnerungsstücken zu machen. Aber was war das schon für ein Beweis?

„Erzähl den Humbug, wem du willst", sagten wir, hämisch grinsend, da brachte er Zeugen an. „Im Namen Jesu", beteuerten sie, „ist er gesund geworden."

„Jesus?" krächzte der rote Hesekiel, der Anführer der Bande, „der ist längst tot. Vor Jahren hat man ihn hingerichtet, weil er das Volk gegen die Ausbeuter aufhetzte. Gekreuzigt hat man ihn, seht ihr, so!" Der rote Hesekiel breitete die Arme so weit auseinander, daß die Ketten an seinen Handgelenken klirrten. Er schrie: „Na, was sagst du, krummbeiniger Lügner?"

Es stellte sich heraus, daß der Aufseher nicht von jenem Gekreuzigten geheilt worden war, sondern von einem seiner Nachläufer, der jetzt an mehreren Orten in Pamphylien, Phrygien und Pisidien auftauchte, eine Art Wanderprediger, er nannte sich Paulus.

Damals hörte ich den Namen zum ersten Mal. Wir machten, solange wir im Gefängnis saßen, unsere Witze über ihn. Alles, was recht ist, der Aufseher war kein Unmensch. Er quälte uns nicht, und als der rote Hesekiel an den Blattern erkrankte, kam er des Nachts heimlich und pflegte ihn. Der alte Bandit, so grausam und abweisend er sich sonst zeigte, jetzt war er wie umgewandelt. Weich wurde er und machte sich zum Gespött vor unseren Augen. Nicht genug, er flennte über sich selbst, er betete, statt zu fluchen. Immer wieder ließ er sich von jenem Paulus berichten, wie man ihn in der Stadt Lystra für den Götterboten

Hermes gehalten und ihm Opfer dargebracht habe. Zuletzt jedoch ist er, der Paulus, gesteinigt worden, seine Anhänger hielten ihn eine Weile für tot. Doch dann ist er aufgestanden und hat seine Reise fortgesetzt, nach Derbe und weiter nach Troas.

Dort, in Troas, bin auch ich ihm begegnet. Ich war inzwischen achtzehn geworden und dachte: tiefer, als du jetzt bist, kannst du nicht fallen. Ein Vorbestrafter war ich, ein Räuber, ein Auswurf der Menschheit. Niemand wollte mir Arbeit geben. Wild wucherte der Bart mir ins Gesicht. Bei meinem Anblick schrien die Kinder entsetzt und flüchteten in die Häuser. Um das nackte Leben zu fristen, wurde ich Schweinehirt, ohne Lohn, nur essen durfte ich vom Futter der Tiere.

Da entsann ich mich der Hure Mirjam, die einstmals meine Mama gewesen ist. Und als ich einen Landstreicher traf, der nach Jericho unterwegs war, flehte ich ihn an, er möge der Mama Bescheid geben. Was erfuhr ich? Man hatte Mirjam ins Irrenhaus gesteckt. Dort hockte sie in der vergitterten Kammer, sie trug Kränze von welkem Gras im Haar und sang. Was sie gesungen habe, fragte ich. Der Landstreicher zuckte die Achseln. „Irgendein verrücktes Lied“, sagte er, „ein Lied von der Grille.“

Damals beschloß ich, meinem Leben ein Ende zu machen. Ich suchte mir einen Strick und wankte bei einbrechender Dunkelheit in das Wäldchen hinter dem Versammlungshaus. Dort ist es gewöhnlich menschenleer, doch heute schien irgend etwas los zu sein. Oben, unter dem Dach des Hauses, brannte Licht, und ich fluchte, weil ich der herzudrängenden Menschen wegen keine Gelegenheit fand, mein Vorhaben auszuführen. Schlotternd zog ich mich in den Schatten der Ölbäume zurück. Schon hatte ich den Strick am Ast befestigt, da hörte ich neben mir ein Zirpen im Gras, ein ganz gewöhnliches, leises Zirpen, wie man es zuhause in jedem Feldstück hören kann, doch hier, in Troas, das in Mysien liegt, waren bisher solche gewisperten Laute mir fremd.

Merkwürdig, dachte ich, hat die verrückte Mama dir eine Botschaft gesandt? Ich steckte den Strick in die Tasche, und da ich die Tür des Versammlungshauses geöffnet fand, schlüpfte ich hinein, stieg – was mir schwer wurde, denn ich hatte ein paar Tage nichts gegessen – die vielen Stufen zum dritten Stock empor und setzte mich, abseits von den Leuten, in die offene Fensternische.

Das übrige ist bekannt, nicht wahr? Ein Sabbat ist es gewesen, zahlreiche Lampen brannten, die Anhänger des Nazareners saßen ringsum auf den Bänken, und jener vielbeschriene Paulus, von dem der Gefängnisaufseher uns erzählt hatte, stand vorn an der steinernen Wand und sprach. Ein kleiner, magerer Mann mit flackernden Augen, den Gürtel fest über das groblinnene Oberkleid geschnallt. Es hieß, er habe das Gewand selber gewebt und geschneidert. Seine Hände waren knochig, von Rissen und Schrunden gezeichnet, fast wie die meinen – ich konnte es deutlich sehen, sooft er sie, während er den Namen „Jesus“ nannte, nach oben ausstreckte ins Licht.

Wovon er sprach? Zu meiner Schande muß ich gestehen, daß ich es nicht weiß. O ja, neugierig war ich, wollte ihn doch genau betrachten, den Mann, der den Aufseher von der Lähmung befreit hatte. Ich reckte den Hals, doch weil ich allzu lange bei den Schweinen gesessen hatte, verstand ich kaum noch die menschliche Sprache.

Dieser Paulus jedoch hatte eine verdammte Ausdauer. Er muß allerlei auf dem Herzen gehabt haben, seine Lippen bewegten sich unaufhörlich, seine etwas krächzende Stimme hing wie eine Wolke über der Versammlung, die aufmerksam zuhörte. Doch was mich betrifft, ich war so verzweifelt und entkräftet, daß die Stimme mir immer leiser und wispernder vorkam. Zuletzt meinte ich draußen im Gras zu sitzen, die Lider fielen mir zu, ich schwankte vor der Öffnung des Fensters wie ein Betrunkener.

Was dann geschehen ist, weiß ich nur vom Hörensagen. Wenn ich den Gerüchten glauben soll, bin ich durch das Fenster rückwärts in die Nacht hinaus gefallen, vom dritten Stock in die Tiefe. Während ich fiel, dessen erinnere ich mich genau, sah ich die Großmutter Amara auf ihrem Totenbett. Doch seltsam, sie verfluchte mich nicht, sie hob die runzlige, wachsgelbe Hand und deutete statt nach unten nach oben. Dann schlug ich hart auf, die Sinne verließen mich.

Als ich zu mir kam, spürte ich, daß ein Mann mit ausgebreiteten Armen über mir lag. „Macht kein Geschrei und laßt die Klagen“, sagte er laut, „der junge Mensch ist nicht tot, er lebt.“ Dabei faßte er meine Hände und richtete mich auf. Ich hörte sofort, daß der Mann kein anderer als jener Paulus war, seine krächzende Stimme verriet ihn. Und selbst, wenn ich seine Worte nicht gehört hätte, wäre mir keinen Augenblick ein Zweifel gekommen. Ein Gefühl von

Kraft erfüllte mich, wie ich es vorher nie gespürt hatte. Ich wußte, daß das Fallen vorbei war. Auf den Füßen stand ich, die Leute um mich her, zuerst stumm, dann schreiend und Gott lobpreisend vor Freude.

Und der Strick? Er war mir beim Sturz aus der Tasche gefallen. Lachend hob Paulus ihn auf und sagte: „Der kommt mir gerade recht. Ich werde mein Reisebündel damit schnüren."

Danach ging er wieder hinauf, brach das Brot und aß. Er redete noch lange, denn er hatte eine gewaltige Ausdauer, und verabschiedete sich erst, als die Sonne aufging.

Nachbemerkung

Augenzeugen sind wichtig, weil sie als Beteiligte über eine strittige Sache reden. Ihre Aussagen können den Prozeß entscheiden, können ihm eine unverhoffte Wendung geben.

Augenzeugen belasten oder entlasten. Sie stellen fest: So war es, so habe ich es erlebt. Ob sie die zur Verhandlung stehende Sache richtig beurteilen, hängt von ihrer Aufmerksamkeit und von ihrer Glaubwürdigkeit ab, aber auch von der Schärfe ihrer Beobachtung, von der Position ihres Standortes.

Hier sind vierzehn Augenzeugen versammelt, die dem Mann aus Nazareth begegneten. Die Perspektive ihres Blickwinkels ist sehr verschieden. Es sind Überwältigte darunter, wie Bartimäus, der sehend wurde, oder der Kämmerer aus Äthiopien, oder der Zöllner Matthäus – doch bei den meisten überwiegen Zweifel und Skepsis, so im Interview um eine Schlampe, im Nachdenken des Joseph aus Arimathia über das leere Grab, im mißvergnügten Monolog der haushälterischen Martha, in deren Stube Jesus einkehrt.

Andere stehen mehr am Rande des Geschehens, so der Eseltreiber Joel, die Mutter des Matthäus, der Sadduzäer Sachariel, der Sohn des Simon von Kyrene, die Großmutter Marias in Bethlehem und der in der

Apostelgeschichte erwähnte Jüngling Eutychus, der aus dem Fenster fiel. Sie sind Nebenpersonen im großen Kontext, doch plötzlich beteiligt, plötzlich aufgeschreckt. Sie beargwöhnen das Ergebnis ihrer Beobachtungen, sie suchen sich zu wehren gegen die Übermacht dessen, was auf sie einstürmt. Betroffene sind sie in jedem Fall. Auch jener, der sich ungewollt daran hindert, ein Augenzeuge zu werden.

Die Geschichten haben durchweg monologischen Charakter. Im Stammeln, im nachdenklichen oder erschrockenen Bericht, im Brief, im Interview, in zornigen, argwöhnischen oder aggressiven Stellungnahmen und Protokollen wird das Erlebnis des Augenblicks laut.

Wohl sind sie fast alle Zeugen für die eigene Unzulänglichkeit, doch zugleich für das Zulängliche, das sich in der Person des Mannes aus Nazareth ankündigt.

Angeschlagene sind sie, Hilflose, ja sogar Undankbare, wie der Neunte, der zu den von Jesus geheilten Aussätzigen gehört. Zeugen für das Mögliche ebenso wie für das Unmögliche. Zeugen für den Jammer und die Schwäche des Menschen wie für seine Standhaftigkeit. Zeugen für jeden von uns.

Denn indem sie von ihrer Hilflosigkeit berichten, zielen sie auf Hilfe. Ihre Zaghaftigkeit verlangt nach Kraft, ihre Ausweglosigkeit nach Hoffnung. Und vielleicht zeugt die kopfschüttelnde Verwunderung, das Erschrecken über sich selbst, die entsetzte Abwehr stärker, als wortreiche Zustimmung dies vermöchte, vom Wunder der Menschwerdung Gottes und von der in Frage gestellten, dennoch erneuerten Welt.

Hinweis: Motive aus den Erzählungen
„Drei Worte“ und „Was ist das für ein Mensch?“
sind den Spielstücken des Verfassers:
„Fragen an Herrn K.“ und „Was ist das für ein Mensch?“
entnommen; ebenso die Erzählung „Der Stein des Eseltreibers“
dem Weihnachtsspiel „Das Ende der Nacht“.
Die Rechte und die Aufführungsrechte an diesen Spielen besitzt
der Deutsche Theaterverlag in Weinheim/Bergstr.